"매일 성장하는 **초등 자기개발서**"

완자

공부력

KB129358

Q 왜 공부력을 키워야 할까요?

쓰기력

정확한 의사소통의 기본기이며 논리의 바탕

연필을 잡고 종이에 쓰는 것을 괴로워한다!
맞춤법을 몰라 정확한 쓰기를 못한다!
말은 잘하지만 조리 있게 쓰는 것이 어렵다!
그래서 글쓰기의 기본 규칙을 정확히 알고
써야 공부 능력이 향상됩니다.

어휘력

교과 내용 이해와 독해력의 기본 바탕

어휘를 몰라서 수학 문제를 못 푼다!
어휘를 몰라서 사회, 과학 내용 이해가 안 된다!
어휘를 몰라서 수업 내용을 따라가기 어렵다!
그래서 교과 내용 이해의 기본 바탕을
다지기 위해 어휘 학습을 해야 합니다.

독해력

모든 교과 실력 향상의 기본 바탕

글을 읽었지만 무슨 내용인지 모른다!
글을 읽고 이해하는 데 시간이 오래 걸린다!
읽어서 이해하는 공부 방식을 거부하려고 한다!
그래서 통합적 사고력의 바탕인 독해 공부로
교과 실력 향상의 기본기를 닦아야 합니다.

계산력

초등 수학의 핵심이자 기본 바탕

계산 과정의 실수가 잦다!
계산을 하긴 하는데 시간이 오래 걸린다!
계산은 하는데 계산 개념을 정확히 모른다!
그래서 계산 개념을 익히고 속도와 정확성을
높이기 위한 훈련을 통해 계산력을 키워야 합니다.

한자 카드

카드를 활용하여 이 책에서 배운 한자와 어휘를 복습해 보세요.

※ 점선을 따라 뜯어요.

점선을 따라 자르세요.

쾌적 쾌할 쾌 | 맞을 적

상쾌(爽快) | 경쾌(輕快)
적용(適用) | 적절(適切)

탐구 찾을 탐 | 연구할 구

탐색(探索) | 탐정(探偵)
연구(研究) | 학구열(學究熱)

허세 빌 허 | 형세 세

허공(虛空) | 허위(虛僞)
세력(勢力) | 대세(大勢)

순진 순수할 순 | 참 진

단순(單純) | 불순(不純)
진솔(眞率) | 진심(眞心)

시합 시험 시 | 합할 합

시험(試驗) | 시도(試圖)
합창(合唱) | 화합(和合)

오해 그르칠 오 | 풀 해

오자(誤字) | 오류(誤謬)
분해(分解) | 해결(解決)

호흡 부를/불 호 | 마실 흡

호칭(呼稱) | 호소(呼訴)
흡입(吸入) | 흡수(吸收)

응원 응할 응 | 도울 원

적응(適應) | 대응(對應)
후원(後援) | 지원자(支援者)

충치 벌레 충 | 이 치

곤충(昆蟲) | 해충(害蟲)
치아(齒牙) | 치통(齒痛)

독소 독 독 | 본디/바탕 소

중독(中毒) | 소독(消毒)
소질(素質) | 검소(儉素)

점선을 따라 자르세요.

※ 점선을 따라 뜯어요.

점선을 따라 자르세요.

폭설 사나울 폭/포 | 눈 설

폭염(暴炎) | 횡포(橫暴)
설탕(雪糖) | 만년설(萬年雪)

visang

비상 아닐 비 | 항상 상

시비(是非) | 비상구(非常口)
항상(恒常) | 일상(日常)

visang

이송 옮길 이 | 보낼 송

이동(移動) | 이주(移住)
배송(配送) | 방송(放送)

visang

배포 짝/나눌 배 | 베/펼 포

배려(配慮) | 배열(配列)
분포(分布) | 유포(流布)

visang

취득 가질 취 | 얻을 득

채취(採取) | 섭취(攝取)
설득(說得) | 이득(利得)

visang

세밀 가늘 세 | 빽빽할 밀

미세(微細) | 세균(細菌)
밀착(密着) | 밀집(密集)

visang

빈부 가난할 빈 | 부유할 부

빈곤(貧困) | 빈혈(貧血)
풍부(豐富) | 부귀(富貴)

visang

미만 아닐 미 | 찰 만

미지(未知) | 미숙(未熟)
만족(滿足) | 비만(肥滿)

visang

증감 더할 증 | 덜 감

증진(增進) | 급증(急增)
감소(減少) | 절감(節減)

visang

수익 거둘 수 | 더할 익

수확(收穫) | 수거(收去)
이익(利益) | 유익(有益)

visang

점선을 따라 자르세요.

완자

공부력

초등 전과목

한자 어휘 5B

초등 전과목 한자 어휘 5A-6B 구성

한자 학습

5A	假想 가상	創造 창조	革新 혁신	興味 흥미	斷絕 단절
	血統 혈통	官職 관직	逆境 역경	進退 진퇴	確保 확보
	神經 신경	指壓 지압	聲帶 성대	回復 회복	餘波 여파
	禁煙 금연	消防 소방	檢察 검찰	請求 청구	協助 협조
5B	探究 탐구	快適 쾌적	純眞 순진	虛勢 허세	誤解 오해
	試合 시합	應援 응원	呼吸 호흡	毒素 독소	蟲齒 충치
	非常 비상	暴雪 폭설	配布 배포	移送 이송	細密 세밀
	取得 취득	未滿 미만	貧富 빈부	收益 수익	增減 증감
6A	巨事 거사	季節 계절	起源 기원	甘酒 감주	粉乳 분유
	傾聽 경청	包容 포용	尊敬 존경	討論 토론	拒否 거부
	設置 설치	對稱 대칭	屈折 굴절	段階 단계	推理 추리
	周圍 주위	閑暇 한가	混雜 혼잡	簡略 간략	刻印 각인
6B	勤勞 근로	評判 평판	優勝 우승	專攻 전공	就任 취임
	看護 간호	負傷 부상	危險 위험	頭痛 두통	好轉 호전
	標準 표준	差異 차이	證券 증권	投資 투자	採點 채점
	支持 지지	依存 의존	苦難 고난	脫盡 탈진	歡喜 환희

중요 한자를 학습하고, 한자에서 파생된
전과목 교과서 어휘의 실력을 키워요!

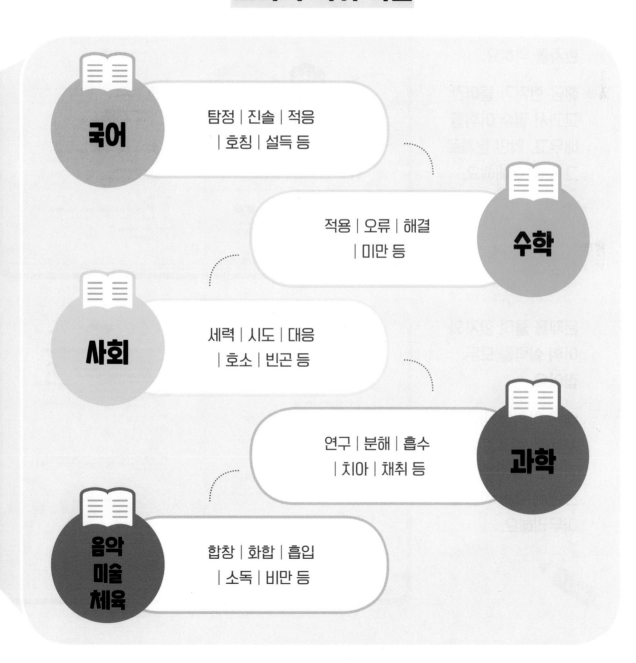

교과서 어휘 학습

국어
탐정 | 진술 | 적응 | 호칭 | 설득 등

수학
적용 | 오류 | 해결 | 미만 등

사회
세력 | 시도 | 대응 | 호소 | 빈곤 등

과학
연구 | 분해 | 흡수 | 치아 | 채취 등

음악 미술 체육
합창 | 화합 | 흡입 | 소독 | 비만 등

특징과 활용법

하루 4쪽 공부하기

* 그림과 간단한 설명으로 오늘 배울 한자를 익혀요.
* 해당 한자가 들어간 교과서 필수 어휘를 배우고, 확인 문제로 그 뜻을 이해해요.

* 문제를 풀며 한자와 어휘 실력을 모두 잡아요.
* 배운 어휘를 직접 사용해 보며 표현력을 기르고, 한자를 쓰면서 오늘 학습을 마무리해요.

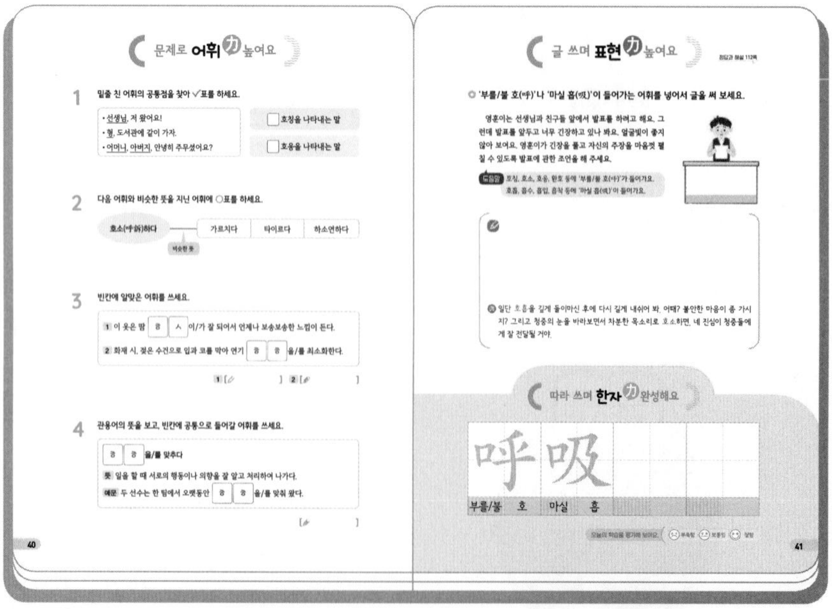

책으로 하루 4쪽 공부하며, 초등 어휘력을 키워요!

모바일앱으로 공부한 내용을 복습하고 몬스터를 잡아요!

공부한 내용 확인하기

* 5일 동안 배운 한자가 포함된 글을 읽고, 문제를 풀면서 독해력을 키워요.
* 중요 한자성어를 실생활에서 사용할 수 있도록 배워요.
* 다양한 어휘 놀이로 5일 동안 배운 어휘를 재미있게 정리해요.

모바일앱으로 복습하기

앱 다운받기

책 인증하기

* 그날 배운 내용을 바로바로, 또는 주말에 모아서 복습하고, 다이아몬드 획득까지! 공부가 저절로 즐거워져요!

차례

한 친구가
작은 습관을 만들었어요.
매일매일의 시간이 흘러
작은 습관은 큰 습관이 되었어요.
큰 습관이 지금은 그 친구를 이끌고
있어요. 매일매일의 좋은 습관은
우리를 좋은 곳으로 이끌어 줄 거예요.

01 탐구(探究)

진리나 학문 등을 자세히 살피고 연구하는 것.

探 찾을 탐

영상으로 필순 보기

물에 손[手]을 넣어 깊이를 알아보는 모양을 표현한 글자로, '찾다'를 뜻합니다.

究 연구할 구

영상으로 필순 보기

어두운 동굴[穴] 속을 팔[九]로 더듬어 찾는 모습을 표현한 글자로, '연구하다'를 뜻합니다.

'찾을 탐(探)'과 '연구할 구(究)'가 들어간 어휘

정답과 해설 104쪽

[1~4] 예문을 보고, 어휘의 알맞은 뜻을 찾아 ✓표를 하세요.

실과

탐색
찾을 探 찾을 索

나의 특성에 맞는 직업을 탐색하려면 나의 적성, 흥미, 성격 등을 이해해야 한다.

1 ☐ 경치 좋은 곳이나 유적지 등을 구경하기 위하여 찾아감.
☑ 모르는 사실이나 사물을 알아내기 위하여 살피고 조사함.

국어

탐정
찾을 探 염탐할 偵

이 사실을 밝힐 수 있는 명탐정은 누구인가?

2 ☐ 기사를 취재하여 쓰거나 편집하는 사람.
☐ 드러나지 않은 사정을 몰래 살펴 알아내는 사람.

과학

연구
연구할 硏 연구할 究

하천 생태 복원사는 하천이나 호수 등의 수질을 깨끗하게 하는 방법을 연구합니다.

3 ☐ 배우가 배역의 인물, 성격, 행동 등을 표현해 내는 일.
☐ 어떤 일이나 사물을 자세히 조사하고 생각하여 진리를 따져 보는 일.

학구열
배울 學 연구할 究 더울 熱

주시경 선생님은 학구열이 높아 책을 손에서 놓지 않았다.

4 ☐ 학문 연구에 대한 정열.
☐ 배우지 못하여 느끼는 좌절.

문제로 어휘 力 높여요

1 **'찾을 탐(探)'을 넣어, 빈칸에 들어갈 어휘를 쓰세요.**

'셜록 홈스'는 영국 추리 소설의 주인공이다. 그의 직업은 과학적인 수사를 하여 밝혀지지 않은 사건의 진실을 밝히는 [ ]이다.

[✎]

2 **괄호 안에서 알맞은 어휘를 골라 ○표를 하세요.**

1 다양한 매체를 활용하여 관련 직업 정보를 (탐험 | 탐색 | 탐방)해 봅시다.

2 그는 포기하지 않고 열심히 (정탐 | 탐구 | 염탐)하여 노벨상을 받았습니다.

3 **빈칸에 공통으로 들어갈 어휘에 ✓표를 하세요.**

- 환경 과학자는 환경 보전에 필요한 각종 기술을 [ ]합니다.
- 이 책에는 미생물의 특성을 [ ]한 내용이 상세히 담겨 있습니다.

☐ 연기(延期) ☐ 연구(硏究) ☐ 연습(練習)

4 **두 친구의 공통점을 한 문장으로 표현할 때, 빈칸에 알맞은 어휘를 쓰세요.**

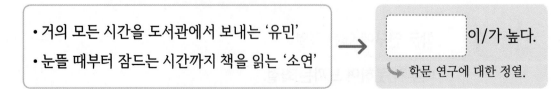

- 거의 모든 시간을 도서관에서 보내는 '유민'
- 눈뜰 때부터 잠드는 시간까지 책을 읽는 '소연'

→ [ ]이/가 높다.

↳ 학문 연구에 대한 정열.

글 쓰며 표현力 높여요

정답과 해설 104쪽

‘찾을 탐(探)’이나 ‘연구할 구(究)’가 들어가는 어휘를 넣어서 글을 써 보세요.

박사님의 표정이 매우 어둡네요? 아마 진행하는 연구가 잘 풀리지 않는 것 같아요. 풀이 죽은 박사님을 응원하는 글을 써서, 박사님의 표정을 밝게 만들어 주세요.

도움말 탐구, 탐색, 탐정 등에 ‘찾을 탐(探)’이 들어가요.
연구, 학구열, 강구 등에 ‘연구할 구(究)’가 들어가요.

예 박사님은 학구열이 매우 높으니까 곧 문제를 해결할 방법을 찾으실 수 있을 거예요. 좋은 연구 결과가 나오기를 기대할게요! 힘내세요!

따라 쓰며 한자力 완성해요

探	究			
찾을 탐	연구할 구			

오늘의 학습을 평가해 보아요. 부족함 보통임 잘함

《 공부한 날짜 월 일 》

02

쾌적(快適)

기분이 상쾌하고 즐거움.

快 쾌할 쾌

영상으로 필순 보기

'心(마음 심)'과 '夬(터놓을 쾌)'가 결합하여 마음을 터놓은 느낌을 표현한 글자입니다. 마음이 '쾌하다', '상쾌하다'라는 뜻을 지닙니다.

適 맞을 적

영상으로 필순 보기

여러 길 중에 나에게 맞는 길을 고른다는 의미에서 유래한 글자로, '맞다', '적합하다'를 뜻합니다.

정답과 해설 105쪽

[1~4] 다음 어휘를 살펴보고, 빈칸에 알맞은 어휘를 찾아 한글로 쓰세요.

쾌 쾌할 快 | **적** 맞을 適

- 사회 **상쾌** 시원할 爽, 쾌할 快
- 체육 **경쾌** 가벼울 輕, 쾌할 快
- 수학 **적용** 맞을 適, 쓸 用
- 과학 **적절** 맞을 適, 끊을 切

1 시원한 바람을 맞으며 스키를 타니 기분이 [　　　　]했습니다.
↳ 느낌이 시원하고 산뜻함.

2 감정과 욕구를 [　　　　]하게 조절하고 표현하는 방법을 익혀 봅시다.
↳ 꼭 알맞음.

3 브라질의 삼바는 4분의 2박자 리듬으로 [　　　　]하고 정열적인 것이 특징입니다.
↳ 움직임이나 모습, 기분 등이 가볍고 상쾌함.

1피트는 약 30.48cm로,
1인치의 열두 배야.

4 영국인들은 영국 단위를 [　　　　]해 나폴레옹의 키를 5피트*2인치(약 157 cm)로 생각했습니다.
↳ 알맞게 이용하거나 맞추어 씀.

문제로 어휘力 높여요

1 **빈칸에 공통으로 들어갈 글자를 쓰세요.**

> 엄마: 솔아. 오늘은 방을 깨끗하게 치웠네. 덕분에 한결 [ ]적한 환경이 되었어.
>
> 솔이: 저도 집이 깨끗해지니까 기분이 상[ ]해요.

[✎]

2 **밑줄 친 어휘의 알맞은 뜻에 ✓표를 하세요.**

> 수업을 마치고 친구들과 함께 놀이터로 향하는 아이들의 발걸음이 <u>경쾌하다</u>.

- ☐ 근심스럽거나 답답하여 활기가 없다.
- ☐ 모습이나 마음 등이 조용하고 평화롭다.
- ☐ 움직임이나 모습, 기분 등이 가볍고 상쾌하다.

3 **'맞을 적(適)'을 넣어, 빈칸에 들어갈 어휘를 한글로 쓰세요.**

고려는 상감이라는 공예 기법을 도자기에 [ ]해 상감 청자라는 독창적인 예술품을 만들어 냈다.

↳ 알맞게 이용하거나 맞추어 씀.

4 **밑줄 친 어휘와 바꾸어 쓸 수 <u>없는</u> 어휘에 ✓표를 하세요.**

> 누구나 화를 내기는 쉽다.
> 그러나 <u>적절한</u> 대상에게, <u>적절한</u> 시간에,
> <u>적절한</u> 목적으로, <u>적절한</u> 만큼만,
> <u>적절한</u> 방식으로 화를 내기란 쉽지 않다.
>
> – 아리스토텔레스

- ☐ 마땅한
- ☐ 알맞은
- ☐ 소심한

글 쓰며 표현力 높여요

정답과 해설 105쪽

◎ '쾌할 쾌(快)'나 '맞을 적(適)'이 들어가는 어휘를 넣어서 글을 써 보세요.

오늘은 즐거운 주말 아침. 가족과 함께 운동을 하고 싶은데, 해가 중천에 뜨도록 아직 자고 있는 사람이 있네요. 함께 운동하자고 권유하는 글을 써서 잠꾸러기 가족의 건강을 지켜 주세요.

도움말 쾌적, 상쾌, 경쾌, 불쾌 등에 '쾌할 쾌(快)'가 들어가요.
적용, 적절, 적응, 적성 등에 '맞을 적(適)'이 들어가요.

예 엄마, 이제부터 아침마다 저와 함께 운동을 해요. 운동 후 상쾌한 기분을 느끼고 나면 다음부터는 저절로 일찍 일어나게 되고, 이런 생활에 금세 적응하실 수 있을 거예요. 우리에게 적절한 운동을 찾아 함께하면서 건강을 지켜 봐요!

따라 쓰며 한자力 완성해요

快	適			
쾌할 쾌	맞을 적			

오늘의 학습을 평가해 보아요. 부족함 보통임 잘함

03 순진(純眞)

① 마음이 꾸밈이 없고 순박함. ② 세상 물정에 어두워 어수룩함.

純 순수할 순

영상으로 필순 보기

어린아이가 머리카락을 묶은 모습[屯]을 표현한 글자로, '순수하다'를 뜻합니다.

眞 참 진

영상으로 필순 보기

신에게 정성껏 바치는 음식을 솥에 만들고, 그 음식을 수저[匕]로 뜨는 모습을 표현한 글자입니다. '참되다', '진실되다'를 뜻합니다.

정답과 해설 106쪽

[1~4] 예문을 보고, 어휘의 알맞은 뜻을 찾아 ✓표를 하세요.

과학

단순
홑 單 순수할 純

세균은 균류나 단세포 생물보다 크기가 더 작고 생김새가 단순한 생물입니다.

1
- [x] 복잡하지 않고 간단함.
- [ ] 여러 가지가 얽혀 있음.

사회

불순
아니 不 순수할 純

법원은 범죄를 계획하거나 숨기는 것과 같은 불순한 목적이 있으면 개명을 허가할 수 없다고 판결했습니다.

2
- [ ] 딴 속셈이 있어 참되지 못함.
- [ ] 도리에 어긋나지 않고 올바름.

국어

진솔
참 眞 거느릴 率

박지원은 자신이 느낀 바를 진솔하게 기록했기에 책 이름에 '일기'라는 말을 붙여 『열하일기』라고 했습니다.

3
- [ ] 진실하고 솔직함.
- [ ] 사실이 아닌 것을 사실처럼 꾸밈.

도덕

진심
참 眞 마음 心

다른 사람을 진심으로 이해하려는 마음을 지닌 사람이 많아질수록 세상은 더 행복해집니다.

4
- [ ] 거짓이 없는 참된 말.
- [ ] 거짓이 없는 참된 마음.

문제로 어휘力 높여요

1 빈칸에 알맞은 어휘를 쓰세요.

☐ ① 마음이 꾸밈이 없고 순박함. ② 세상 물정에 어두워 어수룩함.	⟷ 반대의 뜻	불순 딴 속셈이 있어 참되지 못함.

2 밑줄 친 어휘와 바꾸어 쓸 수 없는 어휘에 ✓표를 하세요.

지수: 이 그림은 인물의 눈, 코, 입을 생략하여 단순하게 그렸어요.
지민: 이 그림은 산의 형태를 선만 사용하여 단순하게 표현하였어요.

☐ 간단　☐ 간략　☐ 복잡

3 보기의 어휘를 잘못 사용한 문장을 고르세요.

보기
진솔(眞率): 진실하고 솔직함.

① 그는 사람을 늘 진솔하게 대한다.
② 친구들과 함께 진솔한 대화를 나누었다.
③ 일기에 내 마음을 진솔하게 표현했나요?
④ 글쓴이는 글에 자신의 심정을 진솔하게 담았다.
⑤ 그는 자신이 저지른 일이 아니라고 진솔하게 둘러댔다.

4 어휘의 뜻으로 알맞은 것에 ✓표를 하세요.

진심(眞心)
- ☐ 거짓이 없는 참된 마음.
- ☐ 남의 처지를 헤아려 주고 도와주는 마음.
- ☐ 자신의 가치나 능력을 믿고 당당히 여기는 마음.

글 쓰며 표현力 높여요

정답과 해설 106쪽

'순수할 순(純)'이나 '참 진(眞)'이 들어가는 어휘를 넣어서 글을 써 보세요.

나는 화가가 되어 전시회를 열었습니다. 그런데 내 그림을 사고 싶다는 사람이 내가 그림을 어떤 의도로 그렸는지 궁금하다고 하네요. 관람객에게 내 그림의 표현 의도를 이야기해 보세요.

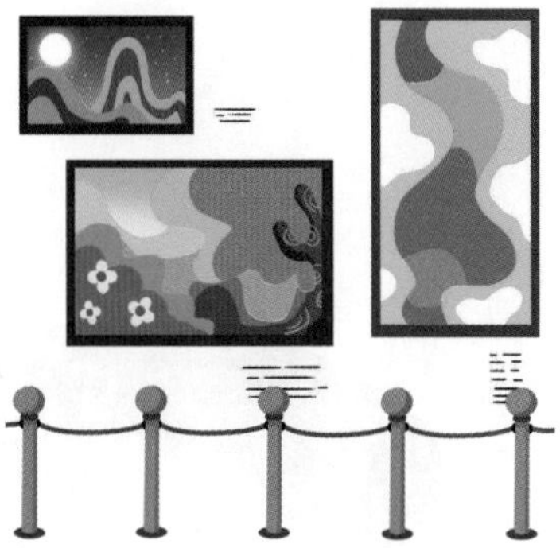

도움말 순진, 단순, 불순, 순수 등에 '순수할 순(純)'이 들어가요.
진솔, 진심, 진의, 진정 등에 '참 진(眞)'이 들어가요.

예 이 그림은 복잡한 현대 사회의 풍경을 선과 면만 사용하여 단순하게 표현하였습니다. 또한 여백의 미를 살려, 현대인들이 여유롭게 살아갔으면 좋겠다는 바람을 진솔하게 표현하였습니다.

따라 쓰며 한자力 완성해요

純	眞		
순수할 순	참 진		

오늘의 학습을 평가해 보아요. 부족함 보통임 잘함

《 공부한 날짜 월 일 》

04 허세(虛勢)

실속이 없이 겉으로만 드러나 보이는 기세.

虛 빌 허

영상으로 필순 보기

'虍(범 호)'와 '丘(언덕 구)'가 결합하여 호랑이가 나타나 텅 빈 언덕을 표현한 글자로, '비다'를 뜻합니다.

勢 형세 세

영상으로 필순 보기

'埶(심을 예)'와 '力(힘 력)'을 합한 글자로, 땅에 심은 나무가 힘차게 자라나는 모습에서 '형세', '기세'를 뜻합니다.

'빌 허(虛)'와 '형세 세(勢)'가 들어간 어휘

정답과 해설 107쪽

[1~4] 다음 어휘를 살펴보고, 빈칸에 알맞은 어휘를 찾아 한글로 쓰세요.

허 세
빌 虛 / 형세 勢

분야	어휘	한자
미술	허공	빌 虛, 빌 空
국어	허위	빌 虛, 거짓 僞
사회	세력	형세 勢, 힘 力
국어	대세	큰 大, 형세 勢

1 홀로그램 기술을 이용하면 사과가 (   )에 떠 있게 할 수 있어.

↳ 텅 빈 공중.

2 (   ) 광고는 있지도 않은 상품의 기능을 있는 것처럼 설명한다.

↳ 진실이 아닌 것을 진실인 것처럼 꾸민 것.

3 고조선은 다른 부족을 정복하거나 통합하면서 (   )을/를 확장했다.

↳ 권력이나 기세의 힘.

4 수미는 "요즘에는 연예인이 (   )이다."라고 하며 장래 희망을 바꿨다.

↳ 일이 진행되어 가는 결정적인 형세.

문제로 어휘 力 높여요

1 **밑줄 친 어휘와 뜻이 비슷한 어휘를 고르세요.**

> 그는 실험을 하지 않고서도 실험을 한 것처럼 <u>거짓</u>으로 보고서를 작성했다.

① 허무　② 허공　③ 허위　④ 허리　⑤ 허탈

2 **'빌 허(虛)'가 쓰이지 <u>않은</u> 어휘를 골라 ✓표를 하세요.**

- [ ] <u>허</u>공: 텅 빈 공중.
- [ ] <u>허</u>락: 청하는 일을 하도록 들어줌.
- [ ] <u>허</u>세: 실속이 없이 겉으로만 드러나 보이는 기세.

3 **빈칸에 알맞은 어휘를 쓰세요.**

> 광개토대왕은 요동 지역과 한강 지역으로 [ㅅ ㄹ]을/를 확장했다.
> ↳ 권력이나 기세의 힘.

[✎]

4 **빈칸에 '대세(大勢)'가 들어갈 수 <u>없는</u> 문장의 기호를 쓰세요.**

> ㉠ 요즘은 누리 소통망(SNS)으로 친구와 대화하는 것이 [ ]이다.
>
> ㉡ 최근 우리 팀은 주력 선수의 부상으로 실력의 [ ]를 보이고 있다.
>
> ㉢ 최근에 환경을 생각하는 사람들이 늘어나면서 플라스틱을 구입하지 않는 것이 [ ]가 되었다.

[✎]

글 쓰며 표현力 높여요

정답과 해설 107쪽

○ '빌 허(虛)'나 '형세 세(勢)'가 들어가는 어휘를 넣어서 글을 써 보세요.

동화 「양치기 소년」 속으로 들어가 볼까요? 한가로운 봄날, 심심해진 양치기 소년은 "늑대가 나타났다!"라며 거짓 소동으로 마을 사람을 불러 모으죠. 소년의 거짓말에 속은 마을 사람이 되어 소년에게 따끔한 충고의 말을 해 주세요.

도움말 허세, 허공, 허위, 허탈 등에 '빌 허(虛)'가 들어가요.
세력, 대세, 추세, 기세 등에 '형세 세(勢)'가 들어가요.

예 얘야. 이렇게 허위로 우리를 골탕 먹이는 것은 나쁜 습관이야. 우리가 너를 신뢰하지 않게 되면, 진짜 늑대 같은 못된 세력이 나타났을 때 도움을 받지 못할 수 있어. 그러면 양뿐만 아니라 너도 다치게 된단다.

따라 쓰며 한자力 완성해요

虛	勢				
빌 허	형세 세				

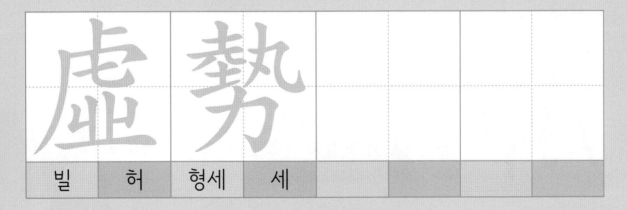

오늘의 학습을 평가해 보아요. 부족함 보통임 잘함

05

오해(誤解)

사실과 다르게 잘못 아는 것.

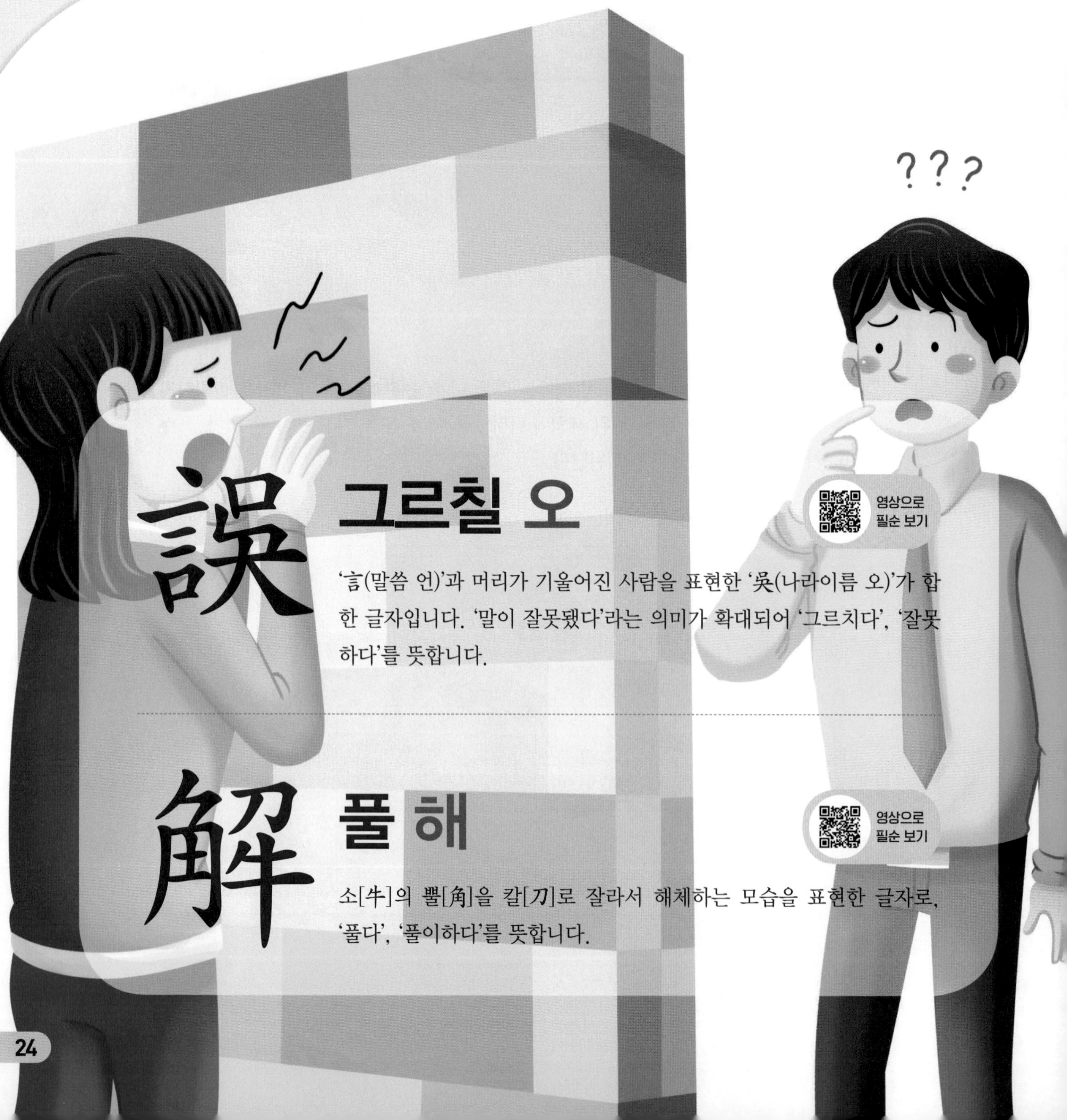

誤 그르칠 오

영상으로 필순 보기

'言(말씀 언)'과 머리가 기울어진 사람을 표현한 '吳(나라이름 오)'가 합한 글자입니다. '말이 잘못됐다'라는 의미가 확대되어 '그르치다', '잘못하다'를 뜻합니다.

解 풀 해

영상으로 필순 보기

소[牛]의 뿔[角]을 칼[刀]로 잘라서 해체하는 모습을 표현한 글자로, '풀다', '풀이하다'를 뜻합니다.

'그르칠 오(誤)'와 '풀 해(解)'가 들어간 어휘

정답과 해설 108쪽

[1~4] 예문을 보고, 어휘의 알맞은 뜻을 찾아 ✔표를 하세요.

국어

오자 (그르칠 誤 / 글자 字)

전자 우편을 보내기 전에 한 번 더 읽고 오자를 고쳐 쓴 적이 있습니다.

1 ☐ 빠진 글자.
☑ 잘못 쓴 글자.

오류 (그르칠 誤 / 그릇될 謬)

그는 자신의 판단에 오류가 있음을 인정했습니다.

2 ☐ 그릇되어 이치에 맞지 않는 일.
☐ 잘못된 대답을 함. 또는 그 대답.

과학

분해 (나눌 分 / 풀 解)

세균은 죽은 생물을 분해하여 지구의 환경을 유지하는 데 도움을 줍니다.

3 ☐ 여러 부품을 하나의 구조물로 짜 맞춤.
☐ 여러 부분이 결합되어 이루어진 것을 그 낱낱으로 나눔.

수학

해결 (풀 解 / 결정할 決)

분수의 곱셈에서 규칙을 찾아 문제를 해결해 볼까요?

4 ☐ 사건이나 문제를 풀거나 처리하는 것.
☐ 문제나 사건의 내용 등을 알기 쉽게 풀어 설명하는 것.

문제로 어휘 力 높여요

1

괄호 안에서 알맞은 말을 골라 ○표를 하세요.

까마귀가 날아가려고 하는 순간 우연히 배가 떨어지면 농부는 까마귀가 배를 쪼아서 떨어진 줄 오해할 것입니다. 이처럼 "까마귀 날자 배 떨어진다"라는 속담은 (아무 상관 없는 일 | 서로 관련이 있는 일)이 동시에 일어나 (이해 | 오해)를 받을 때 쓰는 속담입니다.

2

밑줄 친 어휘가 알맞게 쓰이지 않은 문장의 기호를 쓰세요.

㉠ 이번 수학 문제는 어려웠는지 오답이 많았다.
㉡ 그의 연구에는 몇 가지 오류가 있어 신뢰하기가 어렵다.
㉢ 투표가 끝나고 보니 예측했던 투표 결과와 실제 결과의 오자가 컸다.

[✎]

3

밑줄 친 말과 바꾸어 쓸 수 있는 어휘에 ✓표를 하세요.

그녀는 고장 난 전자 기기를 뜯어 해체했지만 고칠 수 없었다.

☐ 분류 ☐ 분해 ☐ 화해

4

'풀 해(解)'가 쓰이지 않은 어휘를 골라 ✓표를 하세요.

☐ 해충: 인간에게 해를 끼치는 곤충.
☐ 해결: 문제나 사건을 풀거나 잘 처리함.
☐ 해방: 가두어 두었던 것을 풀어서 자유롭게 함.

글 쓰며 표현力 높여요

정답과 해설 108쪽

'그르칠 오(誤)'나 '풀 해(解)'가 들어가는 어휘를 넣어서 글을 써 보세요.

여기 억울한 사연이 있는 동물들이 있어요. 한 동물이 되어, 자신의 억울함을 토로해 봅시다.

뾰족뾰족한 가시를 가져 사나울 것 같지만, 사실 함부로 공격하지 않아요. 가시를 세우지 않으면 따갑지 않답니다.
방귀대장이라고 소문이 났지만 사실 방귀를 뀌지 않아요. 위험할 때만 노란 액체를 뿜어 자신을 지킨답니다.

고슴도치　　스컹크

도움말 오해, 오자, 오류, 착오 등에 '그르칠 오(誤)'가 들어가요.
해결, 이해, 견해, 화해, 해명 등에 '풀 해(解)'가 들어가요.

예 스컹크: 전 저를 보호하기 위해서 어쩔 수 없이 지독한 냄새를 낼 뿐이에요. 저에 대한 오해와 편견에서 이제 해방되고 싶어요.

따라 쓰며 한자力 완성해요

誤	解		
그르칠 오	풀 해		

오늘의 학습을 평가해 보아요. 부족함 보통임 잘함

01~05 독해로 마무리해요

정답과 해설 109쪽

1~2 다음 글을 읽고, 물음에 답하세요.

얘들아. 내가 감명 깊게 읽은 『코르니유 영감의 □□』이라는 책 내용을 이야기해 줄게. 이 책은 기계식 증기 기술을 적용(適用)한 제분소가 발명됐던 시절의 이야기야. 빠르고 편리한 증기 제분소가 대세(大勢)가 되면서 단순(單純)하고 느린 방식의 풍차 방앗간들은 거의 문을 닫게 되었대. 그런데 '코르니유 영감'은 자신의 풍차 방앗간은 여전히 주문이 많다며 허세(虛勢)를 부렸지. 순진(純眞)한 마을 사람들은 그의 비밀이 궁금했지만, 좀처럼 풀지를 못했어. 그런데 우연히 그의 손녀가 그의 풍차 방앗간을 엿보고, 탐정(探偵)처럼 진실을 밝혀냈어. 평생 지켜 온 방앗간의 몰락을 받아들이기 힘들었던 영감은 빈 풍차를 계속 돌리고 있었던 거야. 풍차 방앗간을 사랑했던 그의 진심(眞心)을 알게 된 마을 사람들은 그간의 오해(誤解)를 풀고, 그가 다시 일어날 수 있도록 최선을 다해서 도왔대.

1 이 글의 빈칸에 들어갈 어휘를 고르세요.

① 탐구 ② 비밀 ③ 세력 ④ 해결 ⑤ 오해

2 '코르니유 영감'에 대한 설명으로 알맞은 것에 ○표를, 아닌 것에 ×표를 하세요.

1 풍차 방앗간을 진심으로 사랑했다. [ ]

2 마을 사람들과 자주 다툼을 벌였다. [ ]

3 새로운 기술이 발명되었는데도 옛날 방식을 고집했다. [ ]

생활 속 성어

결 자 해 지

맺을 結 사람 者 풀 解 그것 之

매듭은 그것을 묶은 사람이 가장 잘 풀 수 있어요. 어떻게 묶었는지 잘 알고 있을 테니까요. 이처럼 '결자해지'는 맺은 사람이 풀어야 한다는 뜻으로, 자기가 저지른 일은 자기가 해결하여야 함을 이르는 말입니다.

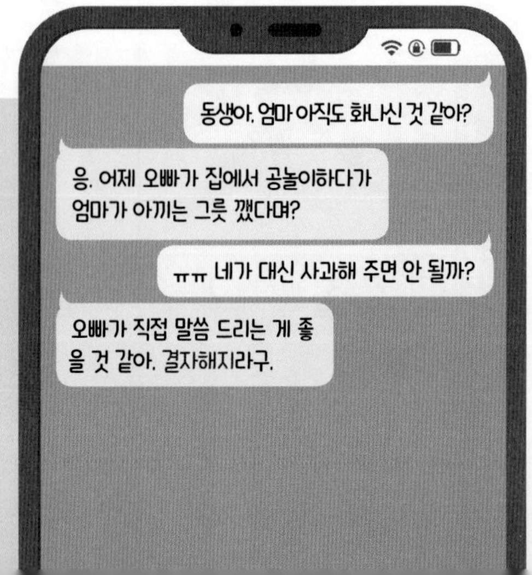

동생아, 엄마 아직도 화나신 것 같아?
응. 어제 오빠가 집에서 공놀이하다가 엄마가 아끼는 그릇 깼다며?
ㅠㅠ 네가 대신 사과해 주면 안 될까?
오빠가 직접 말씀 드리는 게 좋을 것 같아. 결자해지라구.

놀이로 정리해요

정답과 해설 109쪽

뜻풀이와 초성을 단서로 어휘를 완성하며 징검다리를 건너 보세요.

마음이 꾸밈이 없고 순박함.
ㅅ ㅈ(純眞)
진리나 학문 등을 자세히 살피고 연구하는 것.
ㅌ ㄱ(探究)
사실과 다르게 잘못 아는 것.
ㅇ ㅎ(誤解)
실속이 없이 겉으로만 드러나 보이는 기세.
ㅎ ㅅ(虛勢)
기분이 상쾌하고 즐거움.
ㅋ ㅈ(快適)

06

시합(試合)

경기나 기술 등에서 서로 실력을 겨루는 일.

試 시험 시

영상으로 필순 보기

규칙이나 법[式]에 따라 말[言]로 표현한다는 의미가 확대되어 '시험', '시험하다'라는 뜻으로 쓰입니다.

合 합할 합

영상으로 필순 보기

그릇[口]에 뚜껑[亼]이 덮이는 모양을 표현한 글자로, 뚜껑과 그릇이 결합하는 모습에서 '합하다'라는 뜻을 나타냅니다.

'시험 시(試)'와 '합할 합(合)'이 들어간 어휘

정답과 해설 110쪽

[1~4] 예문을 보고, 어휘의 알맞은 뜻을 찾아 ✓표를 하세요.

국어

시험 (시험 試, 시험 驗)

낱말을 가장 많이 찾은 사람은 금요일 쪽지 시험을 보지 않아도 된다.

1
- [ ] 현상을 관찰하고 측정하는 일.
- [x] 지식이나 능력을 검사하고 평가하는 일.

사회

시도 (시험 試, 그림 圖)

갑신정변은 새로운 국가를 만들려는 개혁 시도였다.

2
- [ ] 하려던 일을 도중에 그만두어 버림.
- [ ] 어떤 것을 이루어 보려고 계획하거나 행동함.

음악

합창 (합할 合, 부를 唱)

소리의 어울림을 느끼며 부분 2부 합창으로 불러 봅시다.

3
- [ ] 두 가지 이상의 악기로 동시에 연주함.
- [ ] 여러 사람이 목소리를 맞추어서 노래를 부름.

도덕

화합 (화목할 和, 합할 合)

남북한이 서로 교류하고 협력하면서 화합을 이루어 나갑니다.

4
- [ ] 화목하게 어울림.
- [ ] 서로 나누어 떨어짐.

문제로 어휘 力 높여요

1 뜻풀이에 해당하는 어휘를 보기에서 찾아 기호를 쓰세요.

보기

㉠ 시도(試圖)　　㉡ 시험(試驗)

1 지식이나 능력을 검사하고 평가하는 일. [　　　　]

2 어떤 것을 이루어 보려고 계획하거나 행동함. [　　　　]

2 '시험 시(試)'를 넣어, 빈칸에 공통으로 들어갈 어휘를 쓰세요.

- 토끼와 거북이는 달리기 ☐☐을/를 하기로 했다.
- 우리는 풍선을 누가 가장 크게 불 수 있을지 ☐☐을/를 했다.

[　　　　]

3 다음 어휘와 비슷한 뜻을 지닌 어휘에 ○표를 하세요.

화합(和合) — 비슷한 뜻

갈등	융화	충돌	경합

4 밑줄 친 곳에 알맞은 어휘를 고르세요.

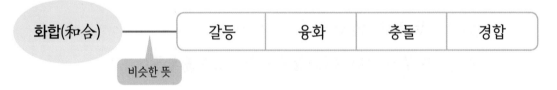

________을/를 할 때에는 다른 사람의 소리와 조화를 이루는 것이 중요하다.
↳ 여러 사람이 목소리를 맞추어서 노래를 부름.

① 독창　② 합주　③ 합창　④ 연주　⑤ 가창

글 쓰며 표현力 높여요

정답과 해설 110쪽

'시험 시(試)'나 '합할 합(合)'이 들어가는 어휘를 넣어서 글을 써 보세요.

연희네 반 친구들은 작은 일로 다투기 시작해, 지금은 서로 사이가 크게 벌어졌어요. 그래서 연희는 반 친구들의 마음을 합할 수 있는 행사를 준비하려고 해요. 반 친구들과 함께 할 수 있는 알맞은 행사를 연희에게 추천해 주세요.

도움말 시합, 시험, 시도 등에 '시험 시(試)'가 들어가요.
합창, 화합, 종합, 통합 등에 '합할 합(合)'이 들어가요.

예 반 친구들이 모두 참여하는 축구 시합을 추천할게. 서로 화합하여 경기를 하다 보면 마음을 합할 수 있고, 사이도 좋아질 거야.

따라 쓰며 한자力 완성해요

試		合					
시험	시	합할	합				

오늘의 학습을 평가해 보아요. 부족함 보통임 잘함

07 응원(應援)

힘을 낼 수 있도록 곁에서 돕거나 격려하는 일.

應 응할 응

영상으로 필순 보기

매[鴈]를 가슴팍[心]에 당겨 놓은 모습을 표현한 글자로, 사냥을 끝낸 매가 주인에게 되돌아오듯이 어떤 요구에 '응하다'라는 뜻을 나타냅니다.

援 도울 원

영상으로 필순 보기

밧줄을 붙잡고 있는 모습[爰]에 손[手]을 합한 글자입니다. 누군가를 도우려고 밧줄을 당긴다는 의미에서 '돕다'라는 뜻으로 쓰입니다.

'응할 응(應)'과 '도울 원(援)'이 들어간 어휘

정답과 해설 111쪽

[1~4] 다음 어휘를 살펴보고, 빈칸에 알맞은 어휘를 찾아 한글로 쓰세요.

응 원
응할 應 / 도울 援

분야	어휘	한자
국어	적응	맞을 適, 응할 應
사회	대응	대답할 對, 응할 應
음악	후원	뒤 後, 도울 援
국어	지원자	지탱할 支, 도울 援, 사람 者

1 몽골이 침입했을 때 고려가 한 [   ]이/가 무엇인지 알아봅시다.
↳ 어떤 일에 맞추어 태도나 행동을 취함.

2 낯선 곳을 잠깐 여행하는 것도 힘들던데, 잘 [   ]하며 산다니 놀랍다.
↳ 어떠한 상황에 익숙해짐.

3 신재효는 중인 출신의 판소리 이론가로, 많은 제자들을 [   ]하며 양성하였다.
↳ 뒤에서 도와줌.

4 훗날 콜럼버스의 든든한 [   ]이/가 된 이사벨 1세조차 처음에는 그의 제안을 거절했다.
↳ 지지하여 돕는 사람.

문제로 어휘力 높여요

1 빈칸에 공통으로 들어갈 어휘를 고르세요.

하은: 어제 경기에서 우리 학교 선수들을 열심히 [   ] 하느라 목이 쉬었어.

민수: 힘들었지만, 우리의 [   ] 덕분에 선수들이 큰 힘을 얻었대.

① 응모 ② 조화 ③ 요청 ④ 관찰 ⑤ 응원

2 밑줄 친 어휘와 뜻이 비슷하지 않은 어휘를 골라 ○표를 하세요.

1 우리는 환경 단체를 후원하고 있다. → (조력 | 지원 | 외면 | 지지)

2 친구의 장난에 나는 아무런 대응도 하지 않았다. → (대처 | 반응 | 단절 | 호응)

3 다음 한자가 밑줄 친 어휘에 쓰이지 않은 문장의 기호를 쓰세요.

援 도울 원

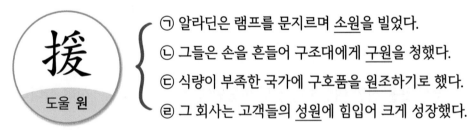

㉠ 알라딘은 램프를 문지르며 소원을 빌었다.
㉡ 그들은 손을 흔들어 구조대에게 구원을 청했다.
㉢ 식량이 부족한 국가에 구호품을 원조하기로 했다.
㉣ 그 회사는 고객들의 성원에 힘입어 크게 성장했다.

[✎]

4 빈칸에 알맞은 어휘를 쓰세요.

이번 불우 이웃 돕기 행사는 [ㅈ][ㅇ][ㅈ] 들의 도움으로 잘 마무리되었다.

[✎]

글 쓰며 표현力 높여요

정답과 해설 111쪽

‘응할 응(應)’이나 ‘도울 원(援)’이 들어가는 어휘를 넣어서 글을 써 보세요.

햇빛이 쨍쨍 내리쬐기만 하고, 비가 한 방울도 오지 않는 날씨가 연일 계속 되고 있어요. 농가에 가뭄이 들어서 곡식들이 제대로 자라지 못하고 있대요. 시름에 잠긴 농민들이 힘을 낼 수 있도록 편지를 써 보세요.

도움말 응원, 대응, 응용, 응답 등에 ‘응할 응(應)’이 들어가요.
후원, 지원, 구원, 원조 등에 ‘도울 원(援)’이 들어가요.

예 뉴스를 보니 여러 전문가들이 가뭄 피해에 대응할 수 있는 방안을 열심히 찾고 있대요. 국가적인 지원도 아끼지 않는다고 해요. 저도 항상 응원하고 있을게요.

따라 쓰며 한자力 완성해요

應		援					
응할	응	도울	원				

오늘의 학습을 평가해 보아요. 부족함 보통임 잘함

08 호흡(呼吸)

숨을 쉼. 또는 그 숨.

呼 부를/불 호

'口(입 구)'에 소리가 울려 퍼지는 모습을 그린 '乎(어조사 호)'를 더한 글자입니다. 큰소리로 부르거나 숨을 내쉰다는 뜻으로 쓰입니다.

영상으로 필순 보기

吸 마실 흡

'口(입 구)'에 숨을 들이쉴 때 나는 소리를 표현한 '及(미칠 급 → 흡)'을 더한 글자입니다. 입으로 빨거나 숨을 들이쉰다는 뜻으로 쓰입니다.

영상으로 필순 보기

정답과 해설 112쪽

[1~4] 예문을 보고, 어휘의 알맞은 뜻을 찾아 ✓표를 하세요.

국어

호칭
부를 呼 일컬을 稱

호칭에 따라 듣는 사람의 기분이 달라질 수 있습니다.

1 ☑ 이름을 지어 부름. 또는 그 이름.
☐ 악기를 두드리며 큰 소리로 노래를 부름.

사회

호소
불 呼 호소할 訴

상언 제도는 신분과 관계없이 억울한 일을 문서에 써서 임금에게 호소할 수 있었던 제도입니다.

2 ☐ 의기양양하여 자신 있게 말함.
☐ 억울하거나 딱한 사정을 남에게 간곡히 알림.

체육

흡입
마실 吸 들어갈 入

옷이나 천으로 입과 코를 가려 먼지 흡입을 최소화합니다.

3 ☐ 기체나 액체를 빨아들임.
☐ 기체나 액체가 밖으로 새어 나옴.

과학

흡수
마실 吸 거둘 收

식물의 뿌리는 땅속으로 뻗어 물을 흡수하고 식물을 지지합니다.

4 ☐ 빨아서 거두어들임.
☐ 솟구쳐 뿜어져 나옴.

문제로 어휘力 높여요

1

밑줄 친 어휘의 공통점을 찾아 ✓표를 하세요.

- 선생님, 저 왔어요!
- 형, 도서관에 같이 가자.
- 어머니, 아버지, 안녕히 주무셨어요?

☐ 호칭을 나타내는 말

☐ 호응을 나타내는 말

2

다음 어휘와 비슷한 뜻을 지닌 어휘에 ○표를 하세요.

호소(呼訴)하다 — 비슷한 뜻

가르치다	타이르다	하소연하다

3

빈칸에 알맞은 어휘를 쓰세요.

1 이 옷은 땀 [ㅎ][ㅅ]이/가 잘 되어서 언제나 보송보송한 느낌이 든다.

2 화재 시, 젖은 수건으로 입과 코를 막아 연기 [ㅎ][ㅇ]을/를 최소화한다.

1 [ ] 2 [ ]

4

관용어의 뜻을 보고, 빈칸에 공통으로 들어갈 어휘를 쓰세요.

[ㅎ][ㅎ]을/를 맞추다

뜻 일을 할 때 서로의 행동이나 의향을 잘 알고 처리하여 나가다.

예문 두 선수는 한 팀에서 오랫동안 [ㅎ][ㅎ]을/를 맞춰 왔다.

[ ]

글 쓰며 표현力 높여요

정답과 해설 112쪽

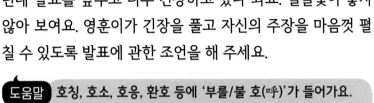

‘부를/불 호(呼)’나 ‘마실 흡(吸)’이 들어가는 어휘를 넣어서 글을 써 보세요.

영훈이는 선생님과 친구들 앞에서 발표를 하려고 해요. 그런데 발표를 앞두고 너무 긴장하고 있나 봐요. 얼굴빛이 좋지 않아 보여요. 영훈이가 긴장을 풀고 자신의 주장을 마음껏 펼칠 수 있도록 발표에 관한 조언을 해 주세요.

도움말 호칭, 호소, 호응, 환호 등에 ‘부를/불 호(呼)’가 들어가요.
호흡, 흡수, 흡입, 흡착 등에 ‘마실 흡(吸)’이 들어가요.

예 일단 호흡을 길게 들이마신 후에 다시 길게 내쉬어 봐. 어때? 불안한 마음이 좀 가시지? 그리고 청중의 눈을 바라보면서 차분한 목소리로 호소하면, 네 진심이 청중들에게 잘 전달될 거야.

따라 쓰며 한자力 완성해요

呼	吸		
부를/불 호	마실 흡		

오늘의 학습을 평가해 보아요. 부족함 보통임 잘함

09 독소(毒素)

지극히 해롭거나 나쁜 요소.

毒 독 독

영상으로 필순 보기

독이 든 한 포기 풀의 모양에서 비롯된 글자로, 생명에 해가 되는 '독'을 뜻합니다.

素 본디/바탕 소

영상으로 필순 보기

누에고치에서 갓 뽑은 새 실[糸]을 표현한 글자로, 사물의 처음인 '본디', '바탕', '근원'을 뜻합니다.

정답과 해설 113쪽

[1~4] 다음 어휘를 살펴보고, 빈칸에 알맞은 어휘를 찾아 한글로 쓰세요.

독 소

독 毒 | 본디/바탕 素

분야	어휘	뜻
사회	중독	가운데 中, 독 毒
체육	소독	사라질 消, 독 毒
국어	소질	본디/바탕 素, 바탕 質
국어	검소	검소할 儉, 본디/바탕 素

1 김만덕은 부자가 된 뒤에도 오히려 더 절약하고 [   ]한 생활을 했다.

↳ 사치하지 않고 꾸밈없이 수수함.

2 청소년의 인터넷 게임 [   ] 예방을 위해 셧다운제를 시행하기로 했다.

↳ ① 독성으로 목숨이 위태하게 되는 일.
② 어떤 것에 깊이 빠져 그것 없이는 견디지 못하는 상태.

3 미술에 [   ]이/가 있으니 열심히 노력하면 훌륭한 화가가 될 수 있을 거야.

↳ 본디부터 가지고 있는 능력이나 기질.

4 상처가 깊어 피가 멎지 않으면 [   ]된 거즈를 덮고 압박 붕대로 상처를 누른다.

↳ 해로운 균을 약품이나 햇빛 등으로 죽임.

문제로 어휘 力 높여요

1 밑줄 친 어휘의 알맞은 뜻에 ✓표를 하세요.

이 약은 장기간 먹으면 중독에 빠질 위험이 높다.

☐ 어떤 것에 깊이 빠져 그것 없이는 견디지 못하는 상태.
☐ 자기의 의견을 바꾸거나 고치지 않고 굳게 버티는 상태.

2 빈칸에 '소질(素質)'을 쓸 수 없는 문장의 기호를 쓰세요.

㉠ 그는 어려서부터 연기에 ________을 보였다.
㉡ 글쓰기에 ________이 있으니 작가가 되면 어떨까?
㉢ 타고난 ________과 능력을 알고 갈고 닦아야 한다.
㉣ 자신의 실력을 향상시키기 위해 매일 하는 ________은 값지다.

[✎]

3 다음 어휘와 비슷한 뜻을 지닌 어휘에 ○표를 하세요.

소독(消毒) — 비슷한 뜻

감염	살균	예방	세균

4 빈칸에 알맞은 어휘를 보기에서 골라 쓰세요.

보기: 독소(毒素) 검소(儉素)

1 할아버지는 사치를 멀리하고 늘 ☐☐하게 입고 다니셨다.

2 이 버섯에는 사람이 먹으면 위험한 ☐☐가 들어 있으니 주의해야 한다.

글 쓰며 표현力 높여요

정답과 해설 113쪽

◎ '독 독(毒)'이나 '본디/바탕 소(素)'가 들어가는 어휘를 넣어서 글을 써 보세요.

최근 산에서 정해진 등산로를 벗어나 약초를 불법 채취하거나 사고를 당하는 사람이 많아졌다고 합니다. 안전한 산행을 위해 꼭 지켜야 할 것에는 무엇이 있는지 생각해 보고, 이를 안내하는 글을 써 보세요.

도움말 소독, 독사, 독충, 해독 등에 '독 독(毒)'이 들어가요.
독소, 소질, 소재, 요소 등에 '본디/바탕 소(素)'가 들어가요.

예 산에는 위험한 요소가 많습니다. 산에 오를 때에는 긴 옷을 입어 독충이나 독사에 물리지 않도록 주의하시고, 혹시라도 물렸다면 해독을 위해 119에 빨리 연락하시기를 바랍니다.

따라 쓰며 한자力 완성해요

毒	素		
독 독	본디/바탕 소		

오늘의 학습을 평가해 보아요. 부족함 보통임 잘함

10 충치(蟲齒)

균이 생겨서 벌레가 파먹은 것처럼 상한 이.

蟲 벌레 충

영상으로 필순 보기

몸이 긴 벌레를 뜻하는 글자[虫] 세 개를 합한 글자로, 모든 '벌레'를 가리킵니다.

齒 이 치

영상으로 필순 보기

크게 벌린 입과 이를 표현한 그림[㐫]에 '止(그칠 지)'를 더한 글자입니다. 무언가를 물고 있는 모습에서 '이'를 뜻합니다.

'벌레 충(蟲)'과 '이 치(齒)'가 들어간 어휘

정답과 해설 114쪽

[1~4] 예문을 보고, 어휘의 알맞은 뜻을 찾아 ✓표를 하세요.

국어

곤 충
벌레 昆 벌레 蟲

너같이 부지런한 베짱이더러 놀기만 하는 곤충이라니, 말도 안 되지!

1 ☐ 몸에 깃털이 있고 다리가 둘이며, 하늘을 자유로이 날 수 있는 동물.
☑ 몸이 세 부분(머리, 가슴, 배)으로 되어 있고 다리가 세 쌍인 작은 동물.

과학

해 충
해할 害 벌레 蟲

식물 줄기의 껍질은 해충이나 세균 등의 침입을 막아 식물을 보호합니다.

2 ☐ 인간의 생활에 이로움을 주는 벌레.
☐ 사람, 가축, 농작물 등에 해를 끼치는 벌레.

과학

치 아
이 齒 어금니 牙

충치가 생기는 까닭은 세균이 치아 표면을 썩게 하기 때문입니다.

3 ☐ 이의 뿌리가 박혀 있는 근육을 이르는 말.
☐ 음식물을 씹는 기관인 '이'를 점잖게 이르는 말.

치 통
이 齒 아플 痛

나는 치통이 심해 아침에 바로 치과에 갔다.

4 ☐ 이가 쑤시거나 아픔.
☐ 썩거나 아픈 이를 뽑아 냄.

문제로 어휘 力 높여요

1 **밑줄 친 '충' 자의 공통된 뜻을 고르세요.**

곤충	기생충	살충제	구충제

① 세균 ② 벌레 ③ 식물 ④ 독소 ⑤ 곰팡이

2 **빈칸에 알맞은 어휘를 쓰세요.**

모기, 파리, 벼룩, 진드기, 나방 등과 같은 [ㅎ][ㅊ]의 피해를 입을 수 있으니 주변 환경을 점검해 주시길 바랍니다.

[✎]

3 **밑줄 친 말과 바꾸어 쓸 수 있는 어휘에 ○표를 하세요.**

할머니는 이가 약하셔서 단단한 음식을 잘 씹지 못하신다.

입술 양치 치아 잇몸

4 **빈칸에 알맞은 어휘를 보기에서 골라 쓰세요.**

보기

치통(齒痛) 충치(蟲齒)

태수는 1 [ ][ ]이/가 많아서 심한 2 [ ][ ]을/를 앓았다.

글 쓰며 표현力 높여요

정답과 해설 114쪽

◎ '벌레 충(蟲)'이나 '이 치(齒)'가 들어가는 어휘를 넣어서 글을 써 보세요.

평소에 이를 잘 닦지 않던 미진이는 결국 치과 치료를 받았어요. 미진이는 동생에게 이런 자신의 경험을 들려 주어서, 동생이 이를 잘 닦는 습관을 기르도록 해 주고 싶어요. 미진이가 동생에게 어떤 말을 할지 상상하여 써 볼까요?

도움말 충치, 곤충, 해충 등에 '벌레 충(蟲)'이 들어가요.
치아, 치통, 양치, 치과, 치약 등에 '이 치(齒)'가 들어가요.

예 누나는 양치를 제대로 안 해서 충치가 생겼어. 충치가 생기면 치과에도 다녀야 하고 며칠 동안 맛있는 것도 잘 못 먹어. 치통도 얼마나 심한지 몰라. 그러니까 평소에 이를 꼼꼼하게 잘 닦는 습관을 들여야겠지?

따라 쓰며 한자力 완성해요

蟲		齒					
벌레	충	이	치				

오늘의 학습을 평가해 보아요. 부족함 보통임 잘함

06~10 독해로 마무리해요

정답과 해설 115쪽

1~2 다음 글을 읽고, 물음에 답하세요.

엄마가 어렸을 때에는 연탄으로 난방을 하는 집이 많았단다. 그래서 연탄가스 중독(中毒)으로 심하면 목숨을 잃는 일도 있었지.

엄마 반에 영미라는 친구가 있었는데 합창(合唱) 대회 준비가 한창이던 어느 날, 그 친구가 연탄가스를 흡입(吸入)하고 병원으로 실려 갔다는 소식이 들려왔어. 다행히 대응(對應)이 빨랐기 때문에 목숨에는 지장이 없다고 했어. 그런데 영미의 집은 가난해서 병원비를 내기가 어려웠어. 이런 사실을 알고 있던 반 친구들은 주변을 돌아다니며 영미를 도와달라고 호소(呼訴)를 했지. 그 덕분에 많은 곳의 후원(後援)을 받아 병원비를 낼 수 있었어.

친구들과 화합(和合)하여 좋은 일을 했다는 생각에, 지금도 무척 (㉠).

1 '영미'가 병원에 입원한 까닭을 쓰세요.

연탄가스를 [ ][ ]해서 중독되었다.

2 ㉠에 들어갈 엄마의 기분으로 알맞은 것을 고르세요.

① 든든하다 ② 뿌듯하다 ③ 황당하다
④ 서운하다 ⑤ 홀가분하다

생활 속 성어

호 형 호 제
부를 呼 형 兄 부를 呼 아우 弟

서로 형, 아우 하고 부른다는 뜻으로, 매우 가까운 친구 사이를 가리키는 말입니다. 함께 있으면 서로 내가 형이니 네가 아우니 하고 실랑이를 벌이며 장난을 칠 정도로 격의 없는 사이임을 표현할 때 쓰입니다. 비슷한 뜻을 가진 다른 말로 '왈형왈제(曰兄曰弟)'가 있습니다.

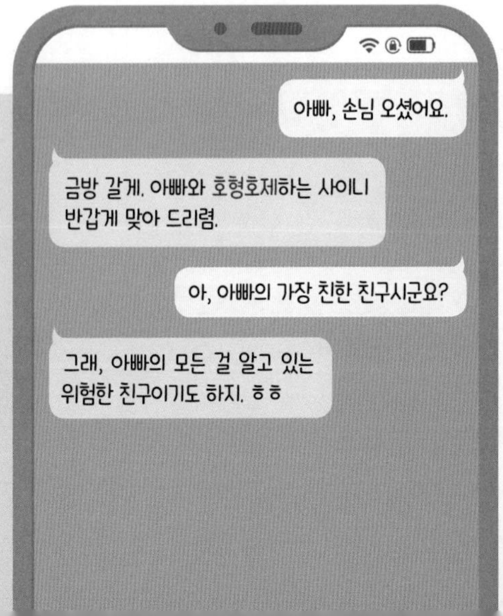

아빠, 손님 오셨어요.
금방 갈게. 아빠와 호형호제하는 사이니 반갑게 맞아 드리렴.
아, 아빠의 가장 친한 친구시군요?
그래, 아빠의 모든 걸 알고 있는 위험한 친구이기도 하지. ㅎㅎ

놀이로 정리해요

정답과 해설 115쪽

◎ 뜻풀이에 해당하는 어휘 칸을 색칠하여, 원주민 마을에 들어갈 수 있는 암호를 맞혀 보세요.

암호

ㅅ	ㅏ	

단어 뜻풀이

① 어떠한 상황에 익숙해짐.
② 기체나 액체를 빨아들임.
③ 지극히 해롭거나 나쁜 요소.
④ 이름을 지어 부름. 또는 그 이름.
⑤ 해로운 균을 약품이나 햇빛 등으로 죽임.
⑥ 균이 생겨서 벌레가 파먹은 것처럼 상한 이.
⑦ 어떤 것을 이루어 보려고 계획하거나 행동함.
⑧ 힘을 낼 수 있도록 곁에서 돕거나 격려하는 일.
⑨ 음식물을 씹는 기관인 '이'를 점잖게 이르는 말.

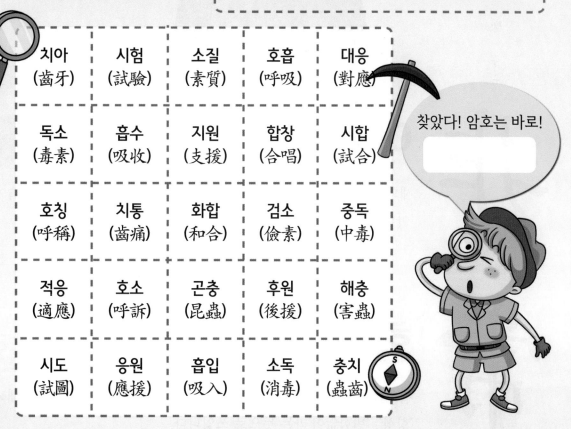

치아 (齒牙)	시험 (試驗)	소질 (素質)	호흡 (呼吸)	대응 (對應)
독소 (毒素)	흡수 (吸收)	지원 (支援)	합창 (合唱)	시합 (試合)
호칭 (呼稱)	치통 (齒痛)	화합 (和合)	검소 (儉素)	중독 (中毒)
적응 (適應)	호소 (呼訴)	곤충 (昆蟲)	후원 (後援)	해충 (害蟲)
시도 (試圖)	응원 (應援)	흡입 (吸入)	소독 (消毒)	충치 (蟲齒)

찾았다! 암호는 바로!

11 비상(非常)

뜻밖의 긴급한 상황.

非 아닐 비

영상으로 필순 보기

새의 양 날개를 본뜬 글자로, 새의 날개가 서로 엇갈려 있는 모습에서 '아니다', '그르다'라는 뜻으로 쓰입니다.

常 항상 상

영상으로 필순 보기

집[尙]에서 항상 두르고 있던 옷[巾]이라는 뜻에서 의미가 확대되어 '항상', '변함없이'라는 뜻으로 쓰입니다.

정답과 해설 116쪽

[1~4] 예문을 보고, 어휘의 알맞은 뜻을 찾아 ✓표를 하세요.

사회

시비

옳을 是 아닐 非

버스 뒤편에 앉아 있던 사람이 다짜고짜 반말을 하면서 계속 시비를 거는 거예요.

1 ☐ 시작과 마무리. 또는 그 과정을 아우르는 말.

☑ 옳음과 그름. 또는 옳고 그름을 따지는 말다툼.

체육

비상구

아닐 非 항상 常 입 口

지진 발생 시 당황하지 않고 주변을 살펴 비상구를 찾습니다.

2 ☐ 큰 사고가 일어날 때 잠시 머물 수 있도록 한 집.

☐ 갑작스러운 사고가 일어날 때 급히 대피할 수 있도록 따로 마련한 문.

국어

항상

항상 恒 항상 常

난 항상 내 생각만 했어.

3 ☐ 언제나 변함없이.

☐ 때에 따라 다르게.

국어

일상

날 日 항상 常

일상생활의 경험이 잘 드러난 이야기를 읽은 적이 있나요?

4 ☐ 날마다 반복되는 생활.

☐ 평소와는 다른 특별한 생활.

문제로 어휘 力 높여요

1 빈칸에 공통으로 들어갈 어휘를 쓰세요.

- 심통이 난 동생은 사사건건 [ㅅㅂ]을/를 걸었다.
- 그 일에 대해 친구들이 서로 자기가 옳다고 티격태격 [ㅅㅂ]이/가 붙었다.

[✎]

2 다음 한자가 밑줄 친 어휘에 쓰이지 않은 문장의 기호를 쓰세요.

非
아닐 비

㉠ 불이 나자 사람들이 비상구 쪽으로 뛰었다.
㉡ 그 기사가 나온 이후 고위층의 비리가 밝혀졌다.
㉢ 우리 기업은 하늘을 나는 독수리처럼 비상을 꿈꾼다.

[✎]

3 밑줄 친 말과 뜻이 비슷한 어휘를 모두 골라 ✓표를 하세요.

선생님께서는 항상 우리를 웃는 얼굴로 맞아 주신다.

☐ 늘　☐ 이따금　☐ 언제나　☐ 때때로

4 '상(常)' 자를 넣어, 밑줄 친 부분과 바꾸어 쓸 수 있는 어휘를 쓰세요.

1 매일 반복되는 생활 속에서 발견하는 행복은 특별하다.

↳ [ ]

2 뜻밖의 긴급한 사태가 일어난 상황에서는 침착한 태도로 도움을 구해야 한다.

↳ [ ]

글 쓰며 표현力 높여요

정답과 해설 116쪽

◎ '아닐 비(非)'나 '항상 상(常)'이 들어가는 어휘를 넣어서 글을 써 보세요.

우리 집 다락방에서 요술봉을 발견했어요! 그런데 이 요술봉은 깨끗하고 살기 좋은 사회를 만들기 위해서만 쓸 수 있대요. 우리 주변에 어떤 마법이 필요할지 이야기해 보세요.

도움말 시비, 비리, 비정상, 비난 등에 '아닐 비(非)'가 들어가요.
항상, 일상, 상습, 평상 등에 '항상 상(常)'이 들어가요.

예 손가락을 탁 튕기면, 잠시 침묵하게 하는 마법이 필요합니다. 일상생활에서 다른 사람을 마구 비난하는 사람, 욕설을 상습적으로 하는 사람에게 이 마법을 쓰는 거예요. 말을 하다가 갑자기 못하게 되면, 자신의 언어생활을 돌아보게 되지 않을까요?

따라 쓰며 한자力 완성해요

非		常					
아닐	비	항상	상				

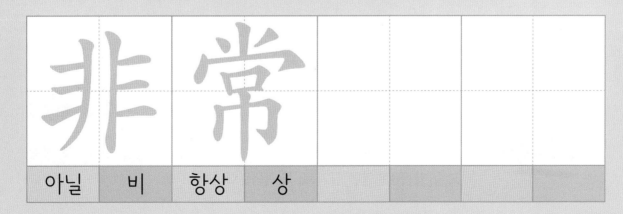

오늘의 학습을 평가해 보아요. 부족함 보통임 잘함

《 공부한 날짜 월 일 》

12 폭설(暴雪)

갑자기 많이 내리는 눈.

暴 사나울 폭/포

영상으로 필순 보기

햇볕[日] 쬐는 날에 쌀[米]을 두 손으로[共] 널어놓는 모습을 본뜬 글자로, 햇볕이 매섭게 내리쬔다는 뜻이 확대되어 '사납다'를 뜻합니다.

雪 눈 설

영상으로 필순 보기

비[雨]가 하늘에서 얼어서 눈이 되어 내릴 때, 그 눈을 빗자루로 쓰는 모습[彗]을 표현한 글자로, '눈'을 뜻합니다.

정답과 해설 117쪽

[1~4] 다음 어휘를 살펴보고, 빈칸에 알맞은 어휘를 찾아 한글로 쓰세요.

폭 설

사나울 暴* / 눈 雪

- 사회 **폭염** — 사나울 暴, 불꽃 炎
- 사회 **횡포** — 가로 橫, 사나울 暴
- 실과 **설탕** — 눈 雪, 엿 糖(당)*
- **만년설** — 일만 萬, 해 年, 눈 雪

'暴' 자는 포악, 흉포, 횡포 등에서는 '포'라는 음으로 읽혀.

'엿 당(糖)'은 '설탕', '사탕' 등에 쓰일 때 '탕'으로 읽어.

1 일부 양반과 지방 관리의 (   )은/는 여전히 심각했다.
↳ 제멋대로 굴며 몹시 난폭함.

2 식초를 넣어 끓인 물이 식으면, (   )을/를 넣어 간을 맞춥니다.
↳ 맛이 달고 물에 잘 녹는 결정체.

3 (   )은/는 하루 최고 기온이 33℃ 이상으로 올라가는 것을 말한다.
↳ 매우 심한 더위.

4 이곳은 (   )(으)로 뒤덮인 알프스 봉우리를 일 년 내내 볼 수 있는 관광지이다.
↳ 아주 추운 지방이나 높은 산지에 언제나 녹지 않고 쌓여 있는 눈.

문제로 어휘力 높여요

1 **괄호 안에 알맞은 뜻과 음을 골라 ✓표를 하세요.**

橫 가로 횡 + 暴 (   )

☐ 사나울 폭

☐ 사나울 포

↳ 제멋대로 굴며 몹시 난폭함.

2 **밑줄 친 어휘의 알맞은 뜻을 괄호 안에서 골라 ○표를 하세요.**

기후 변화로 히말라야 산맥의 <u>만년설</u>이 녹고 있다.

뜻 아주 추운 지방이나 높은 산지에 (가끔 | 언제나) 녹지 않고 (내리는 | 쌓여 있는) 눈.

3 **밑줄 친 곳에 알맞은 어휘를 선으로 바르게 이으세요.**

1 물놀이로 __________ 을 식혔다. • • ㉠ 폭설(暴雪)

2 __________ 이 내려 도로가 막혔다. • • ㉡ 폭염(暴炎)

4 **밑줄 친 부분에 '눈 설(雪)'이 쓰인 어휘를 고르세요.**

① 가<u>설</u> ② 연<u>설</u> ③ <u>설</u>계 ④ <u>설</u>명 ⑤ <u>설</u>탕

글 쓰며 표현力 높여요

정답과 해설 117쪽

◎ '暴(사나울 폭/포)'나 '雪(눈 설)'이 들어가는 어휘를 넣어서 글을 써 보세요.

작가를 꿈꾸는 친구들과 함께 동화책을 쓰려고 해요. 어떤 배경으로, 어떤 주인공을 내세워 어떤 이야기를 들려주고 싶은지 자유롭게 이야기해 보세요.

도움말 폭설, 폭풍, 폭우, 횡포 등에 '사나울 폭/포(暴)'가 들어가요.
설탕, 만년설, 백설, 설원 등에 '눈 설(雪)'이 들어가요.

예 폭설이 내려 설원이 된 마을을 배경으로, 설탕 한 조각도 나누어 먹는 마음씨 좋은 이웃들의 이야기를 들려주고 싶습니다.

따라 쓰며 한자力 완성해요

暴	雪		
사나울 폭/포	눈 설		

오늘의 학습을 평가해 보아요. 부족함 보통임 잘함

13 배포(配布)

신문이나 책자 등을 널리 나누어 줌.

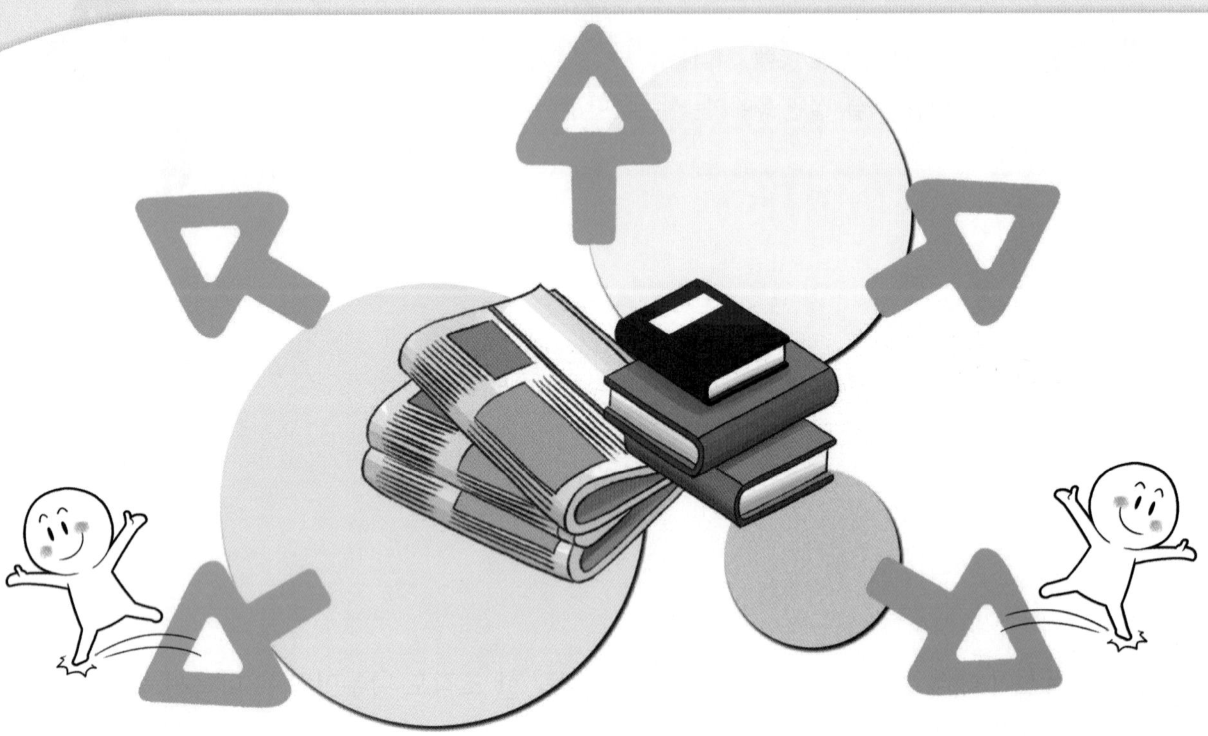

配 짝/나눌 배

영상으로 필순 보기

술 단지[酉] 앞에 무릎 꿇은 사람[己]을 표현한 글자로, 술이 익은 정도를 알아보듯이 짝을 살펴본다는 데서 '짝', '나누다'를 뜻합니다.

布 베/펼 포

영상으로 필순 보기

방망이로 천을 두드려 다듬는 모양을 표현한 것으로, '베'를 뜻합니다. 후에 의미가 확대되면서 '펴다'나 '베풀다'라는 뜻을 갖게 되었습니다.

'짝/나눌 배(配)'와 '베/펼 포(布)'가 들어간 어휘

정답과 해설 118쪽

[1~4] 다음 어휘를 살펴보고, 빈칸에 알맞은 어휘를 찾아 한글로 쓰세요.

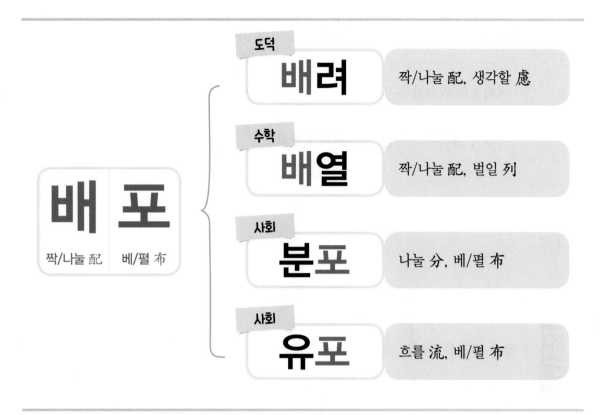

배포
짝/나눌 配 베/펼 布

- 도덕 **배려**: 짝/나눌 配, 생각할 慮
- 수학 **배열**: 짝/나눌 配, 벌일 列
- 사회 **분포**: 나눌 分, 베/펼 布
- 사회 **유포**: 흐를 流, 베/펼 布

1 영화를 불법으로 [　　　　]하면 처벌을 받는다.
↳ 세상에 널리 퍼뜨림.

2 사각형 조각으로 규칙적인 [　　　　]을/를 만들어 봅시다.
↳ 일정한 차례나 간격에 따라 벌여 놓음.

3 따뜻하고 [　　　　] 있는 태도로 친구의 말에 반응해 주세요.
↳ 도와주거나 보살펴 주려고 마음을 씀.

4 지연이는 과거 우리나라의 인구 [　　　　]을/를 나타낸 지도를 살펴보았다.
↳ 일정한 범위에 흩어져 퍼져 있음.

문제로 어휘力 높여요

1

'배(配)' 자를 넣어, 빈칸에 공통으로 들어갈 어휘를 쓰세요.

- 여러분의 관심과 따뜻한 [ ] 에 깊이 감사드립니다.
- 더불어 살기 위해서는 상대를 이해하고 [ ] 하는 마음이 필요합니다.

[✎]

2

빈칸에 들어갈 수 있는 어휘에 ✓표를 하세요.

동생: 물감을 무지개 색 순서로 놓을까?
언니: 그래. 빨간색부터 보라색의 순서로 [ ] 하자.

☐ 배열 ☐ 배달 ☐ 지배

3

밑줄 친 어휘와 뜻이 비슷한 어휘를 고르세요.

그 소문은 인터넷을 통해 세상에 빠르게 <u>유포</u>되었다.

① 돕다 ② 퍼지다 ③ 나누다
④ 만들다 ⑤ 사라지다

4

'베/펼 포(布)'를 넣어, 빈칸에 알맞은 어휘를 쓰세요.

1 학교 정문 앞에서 행사 안내문을 [ ][ ] 한다.

2 교통이 편리한 곳에 인구가 집중적으로 [ ][ ] 한다.

글 쓰며 표현力 높여요

정답과 해설 118쪽

● '짝/나눌 배(配)'나 '베/펼 포(布)'가 들어가는 어휘를 넣어서 글을 써 보세요.

동생이 아끼는 인형을 잃어버려 훌쩍이고 있습니다. 유치원 가방에 달고 다니다가 떨어뜨린 것 같아요. 할머니께서 특별하게 만들어 준 인형이라 똑같은 인형을 구할 수도 없습니다. 어떻게 해야 동생의 마음을 달랠 수 있을까요?

도움말 배려, 배치, 택배 등에 '짝/나눌 배(配)'가 들어가요.
분포, 유포, 선포 등에 '베/펼 포(布)'가 들어가요.

예 인형을 찾는 전단지를 만들어 동생의 마음을 달래 줄 거예요. 전단지를 유치원 입구에 배치하고, 동생이 갔던 길에도 유포하면 인형을 금방 찾을 수 있을 것이라고 동생에게 말해 줄래요.

따라 쓰며 한자力 완성해요

配		布					
짝/나눌	배	베/펼	포				

오늘의 학습을 평가해 보아요. 부족함 보통임 잘함

14 이송(移送)

다른 데로 옮겨 보냄.

移 옮길 이

영상으로 필순 보기

벼[禾]가 자라 넘실대는[多] 모양에서 '모판을 옮겨 모내기하다'라는 뜻을 나타냈으나 지금은 단순히 '옮기다'라는 뜻으로만 쓰입니다.

送 보낼 송

영상으로 필순 보기

양손에 불씨를 들고[灷] 길[辶]을 나서는 모습을 표현한 글자로, 손님이 돌아가는 길을 밝혀 안내한다는 데서 '보내다'라는 뜻이 생겼습니다.

'옮길 이(移)'와 '보낼 송(送)'이 들어간 어휘

정답과 해설 119쪽

[1~4] 예문을 보고, 어휘의 알맞은 뜻을 찾아 ✓표를 하세요.

국어

이 동
옮길 移 움직일 動

내가 일어나서 이동하면 의자를 갖다 놔 줘.

1
- [ ] 한 곳에 있음. 또는 일정한 위치에 둠.
- [x] 움직여 옮김. 또는 움직여 자리를 바꿈.

국어

이 주
옮길 移 살 住

영국으로 이주해 와서 살고 있는 카리브인은 영국 국민의 1퍼센트 정도라고 합니다.

2
- [ ] 본래 살던 지역에서 오랫동안 살아감.
- [ ] 본래 살던 지역을 떠나 다른 지역으로 옮겨 자리를 잡음.

사회

배 송
나눌 配 보낼 送

배송 출발지가 부산이었는데 벌써 서울에 도착했다.

3
- [ ] 물건을 여러 곳에 나누어 보내 줌.
- [ ] 여러 곳에 있던 물건을 한 곳으로 모음.

도덕

방 송
놓을 放 보낼 送

평소에 즐겨 보던 재미있는 텔레비전 방송이 시작되었습니다.

4
- [ ] 음성이나 영상을 저장하고 관리하는 일.
- [ ] 라디오나 텔레비전 등을 통해 음성이나 영상을 전파로 내보내는 일.

문제로 어휘 力 높여요

1 밑줄 친 어휘와 뜻이 비슷한 어휘에 ✓표를 하세요.

신선하고 맛있는 채소를 아침 일찍 <u>배달</u>해 드립니다.

☐ 배송 ☐ 배치 ☐ 이동 ☐ 흡입

2 빈칸에 알맞은 어휘를 보기에서 골라 쓰세요.

보기
이동
방송

사건 소식을 듣고 현장으로 **1** ☐한 취재진은 카메라를 켜고 **2** ☐ 준비를 했다.

3 밑줄 친 곳에 '이주(移住)'를 쓸 수 <u>없는</u> 문장의 기호를 쓰세요.

㉠ 방학을 맞아 3박 4일 동안 강원도로 ________를 하였습니다.
㉡ 해외 ________자들은 고국에 대한 그리움을 간직하며 살아갔습니다.
㉢ 다양한 지역에서 온 ________민들이 모두 한마음 축제에 참여하였습니다.

[✎]

4 빈칸에 알맞은 한자를 골라 ○표를 하세요.

☐ + 金 쇠/돈 금

뜻 돈을 부쳐 보냄. 또는 그 돈.
예문 부모님께서 용돈을 계좌로 ________해 주셨다.

非 配 雪 送

글 쓰며 표현力 높여요

정답과 해설 119쪽

‘옮길 이(移)’나 ‘보낼 송(送)’이 들어가는 어휘를 넣어서 글을 써 보세요.

해외로 파견된 부모님을 따라 친구가 다른 나라로 이민을 가게 되었어요. 친구는 친한 친구들과 떨어져 낯선 나라에 새롭게 적응해야 한다는 생각에 걱정이 많대요. 진심을 담아 친구에게 용기를 줄 수 있는 말을 해 볼까요?

도움말 이송, 이동, 이주, 이민 등에 ‘옮길 이(移)’가 들어가요.
배송, 방송, 발송, 송별회 등에 ‘보낼 송(送)’이 들어가요.

예 요즘에는 이동 수단이 발달해서 마음만 먹으면 서로 언제든지 볼 수 있어. 그리고 친구들 사진도 내가 종종 발송해 줄게. 힘이 들 때 꺼내 보면 도움이 될 거야.

따라 쓰며 한자力 완성해요

移	送		
옮길 이	보낼 송		

오늘의 학습을 평가해 보아요. 부족함 보통임 잘함

15 세밀(細密)

자세하고 꼼꼼함.

細 가늘 세

영상으로 필순 보기

굵지 않은 아기의 자잘한 머리뼈 모양[囟]에 실타래[糸] 모양이 결합한 글자입니다. '가늘다', '작다', '드물다'라는 뜻으로 쓰입니다.

密 빽빽할 밀

영상으로 필순 보기

'宓(잠잠할 밀)'과 '山(산 산)'이 결합한 글자입니다. 산림이 빈틈없이 우거진 모양에서 '빽빽하다', '꼼꼼하다'라는 뜻을 지닙니다.

정답과 해설 120쪽

[1~4] 다음 어휘를 살펴보고, 빈칸에 알맞은 어휘를 찾아 한글로 쓰세요.

세 가늘 細 / **밀** 빽빽할 密

- 사회 **미세** 작을 微, 가늘 細
- 과학 **세균** 가늘 細, 버섯/세균 菌
- 실과 **밀착** 빽빽할 密, 붙을 着
- 사회 **밀집** 빽빽할 密, 모을 集

1 우리나라는 수도권에 인구가 [ ]해 있습니다.

↳ 빈틈없이 빽빽하게 모임.

2 [ ]은/는 너무 작아서 맨눈으로 보기 어렵습니다.

↳ 다른 생물체에 기생하여 병을 일으키거나 부패, 발효 작용을 하는 가장 작은 생물.

3 [ ] 먼지 농도가 심할 때에는 외출을 자제해야 합니다.

↳ 분간하기 어려울 정도로 아주 작음.

4 자전거의 브레이크 패드가 바퀴를 [ ]하여 잘 누를 수 있는지 점검합니다.

↳ 빈틈없이 단단히 붙음.

문제로 어휘力 높여요

1

빈칸에 알맞은 어휘를 보기에서 골라 쓰세요.

보기
세균
미세

1 ____________ 한 상처라도 2 ____________ 에 감염될 수 있으므로 소독을 잘 해야 한다.

2

밑줄 친 어휘 중 '細(가늘 세)'가 쓰인 것에 ✓표를 하세요.

☐ 세탁기를 고장 없이 사용하려면 ☐ 세밀하게 청소해 주어야 합니다.

3

밑줄 친 말의 뜻과 가장 가까운 어휘에 ✓표를 하세요.

껌이 바닥에 붙어 쉽게 떨어지지 않는다.

☐ 정밀하여 ☐ 밀착하여 ☐ 세밀하여 ☐ 밀집하여

4

밑줄 친 곳에 '밀집(密集)'을 쓸 수 있는 문장의 기호를 쓰세요.

㉠ 유관순은 독립 만세를 부를 계획을 ________하게 세웠다.
㉡ 국가 기관이 하는 일은 우리 생활과 ________하게 관련되어 있다.
㉢ 나무로 만든 건물이 ________되어 있는 곳에서는 항상 불조심을 해야 한다.

[✎]

글 쓰며 표현力 높여요

정답과 해설 120쪽

○ '가늘 세(細)'나 '빽빽할 밀(密)'이 들어가는 어휘를 넣어서 글을 써 보세요.

여러분은 오늘 '도시 풍경'을 주제로 취재를 나왔습니다. 그림을 살펴보고 방송 대본을 짧게 써 보세요.

도움말 미세, 세심, 섬세, 자세 등에 '가늘 세(細)'가 들어가요.
밀착, 밀집, 밀도 등에 '빽빽할 밀(密)'이 들어가요.

예 수도권 중에서도 인구 밀도가 높은 이곳은 오늘도 만원 버스에 몸을 내맡긴 채 출근하시는 분들이 많습니다. 뿌연 미세 먼지와 치밀하게 짜인 일정으로 답답할 수 있는 하루지만, 섬세한 손길로 예쁜 꽃을 피워 내는 여유를 잃지 않으시길 바랍니다.

따라 쓰며 한자力 완성해요

細	密			
가늘 세	빽빽할 밀			

오늘의 학습을 평가해 보아요. 부족함 보통임 잘함

11~15 독해로 마무리해요

정답과 해설 121쪽

1~2 다음 휴대 전화 문자 메시지를 읽고, 물음에 답하세요.

안녕하세요. 사랑과 기쁨을 전하는 ○○ 백화점입니다.

현재 전국적인 폭설(暴雪)로 인하여 도로 상황이 좋지 않아 물품 배송(配送)이 일부 지연되고 있습니다. 비상(非常) 체재로 돌입하여 식료품은 다른 물품보다 되도록 빠른 시일 내에 이송(移送)될 수 있도록 최선을 다하겠습니다.

또한 저희 제품을 기다려 주신 분들께 감사의 마음으로 할인권을 배포(配布)할 예정이니, 자세한 내용은 전자 우편으로 확인해 주시길 바랍니다. 감사합니다.

※ 배송 현황은 모바일 어플리케이션을 통해 실시간으로 확인하실 수 있으며, 구매 취소는 배송 전 물품에 한하여 이루어진다는 점 유의하시길 바랍니다.

1 이 문자 메시지를 받은 사람은 누구일지 고르세요.

① 배송 기사 ② 제품 생산자 ③ 제품 구매자
④ 기상청 직원 ⑤ 백화점 판매원

2 이 글을 바르게 이해하지 못한 친구의 이름을 쓰세요.

진수: 눈이 와서 배송이 원활하지 않나 봐.
동민: 어떤 할인권을 주는지 전자 우편을 확인해 봐야겠어.
시아: 아직 배송 전이라고 뜨니 물품 구매를 취소해야겠어.
반디: 식료품은 다른 것보다 배송이 더 늦어진다고 하니, 걱정이야.

[✎]

생활 속 성어 형설지공

형 설 지 공
반딧불이 螢 눈 雪 어조사 之 공 功

중국 『진서』에 나오는 말로, 진나라 차윤이 반딧불을 모아 그 불빛으로 글을 읽고, 손강이 겨울밤에 눈의 빛에 비추어 글을 읽었다는 고사에서 유래했습니다. 힘든 상황에서도 부지런하고 꾸준하게 공부하는 자세를 이르는 말입니다.

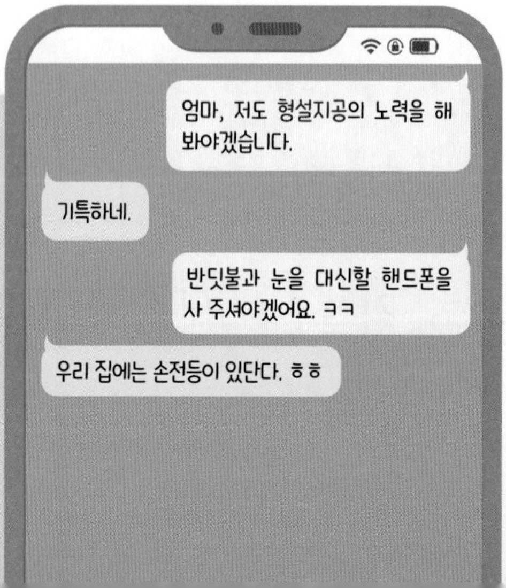

엄마, 저도 형설지공의 노력을 해 봐야겠습니다.
기특하네.
반딧불과 눈을 대신할 핸드폰을 사 주셔야겠어요. ㅋㅋ
우리 집에는 손전등이 있단다. ㅎㅎ

놀이로 정리해요

정답과 해설 121쪽

◎ 뜻풀이에 해당하는 어휘를 골라 퍼즐을 맞춰 보세요.

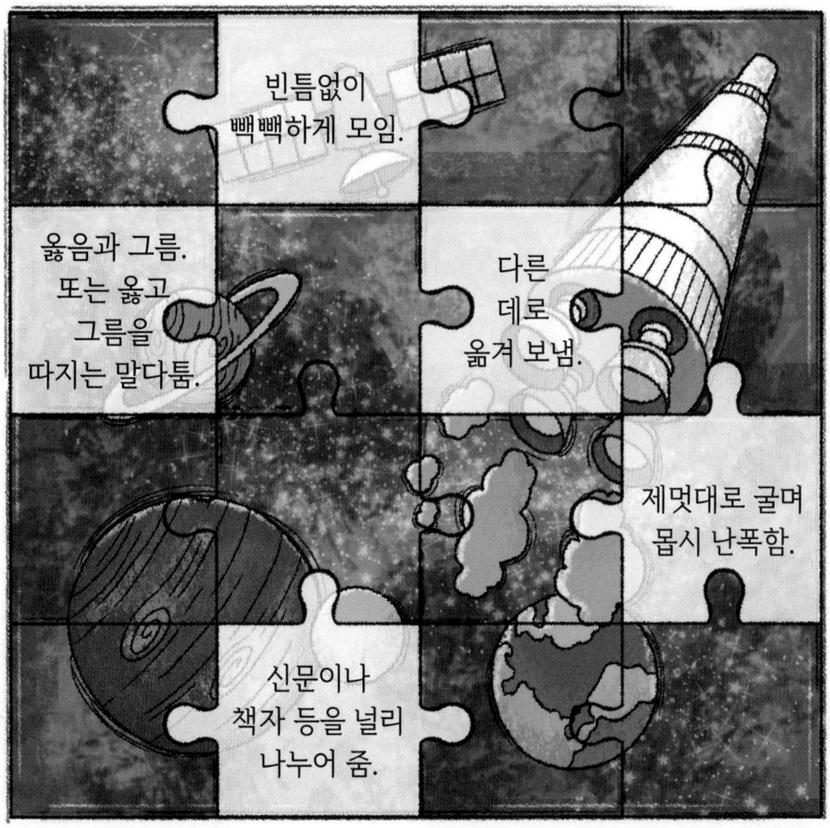
빈틈없이 빽빽하게 모임.
옳음과 그름. 또는 옳고 그름을 따지는 말다툼.
다른 데로 옮겨 보냄.
제멋대로 굴며 몹시 난폭함.
신문이나 책자 등을 널리 나누어 줌.

이송 (移送)
밀집 (密集)
비상 (非常)
배려 (配慮)
시비 (是非)
횡포 (橫暴)
배포 (配布)
폭설 (暴雪)

《 공부한 날짜 월 일 》

16 취득(取得)

자격증이나 권리 등을 자기 것으로 만들어 가짐.

取 가질 취

영상으로 필순 보기

'耳(귀 이)'와 손을 그린 '又(또 우)'를 합한 글자로, 옛날에 전쟁에서 이겨 상대편의 귀를 가졌다는 데서 유래해 '가지다'를 뜻합니다.

得 얻을 득

영상으로 필순 보기

예전에 화폐로 쓰이던 '조개'를 손에 쥐고 있는 모습을 그린 글자로, 돈이나 물품 등을 갖게 되었다는 의미에서 '얻다'를 뜻합니다.

'가질 취(取)'와 '얻을 득(得)'이 들어간 어휘

정답과 해설 122쪽

[1~4] 예문을 보고, 어휘의 알맞은 뜻을 찾아 ✓표를 하세요.

과학

채 취
캘 採 가질 取

사람들은 갯벌에서 해산물이나 소금을 채취하기도 합니다.

1 ☐ 기사를 쓰기 위해 필요한 자료를 수집하거나 조사함.
☑ 풀, 나무, 광석 등을 찾아 베거나 캐거나 하여 얻어 냄.

실과

섭 취
당길 攝 가질 取

건강을 위해 다양한 영양소를 균형 있게 섭취해야 합니다.

2 ☐ 영양소나 양분 등을 몸속에 받아들임.
☐ 먹은 음식의 영양분을 흡수하기 쉽게 변화시킴.

국어

설 득
말씀 說 얻을 得

타당한 근거를 들어, 자신과 생각이 다른 사람을 설득해 봅시다.

3 ☐ 상대방을 사납게 비방하거나 해치게 말함.
☐ 상대편이 이쪽 편의 의견을 따르도록 깨우쳐 말함.

미술

이 득
이로울 利 얻을 得

'일석이조'는 돌 한 개를 던져 새 두 마리를 잡는다는 뜻으로, 동시에 두 가지 이득을 본다는 말이에요.

4 ☐ 해로움을 끼치는 나쁜 것을 얻음.
☐ 정신적, 물질적으로 이롭고 보탬이 되는 것을 얻음.

문제로 어휘力 높여요

1 밑줄 친 어휘의 쓰임이 적절하지 않은 것을 고르세요.

㉠ 형은 고등학교를 졸업하자마자 운전면허를 취득했다.

㉡ 기자는 두 나라의 경기를 채취하기 위해 경기장을 찾았다.

[✎]

2 빈칸에 '가질 취(取)'가 들어간 어휘를 쓰세요.

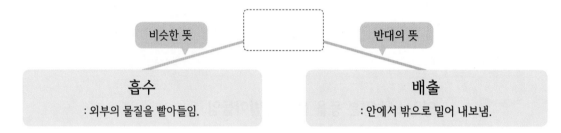

비슷한 뜻		반대의 뜻
흡수 : 외부의 물질을 빨아들임.	☐	배출 : 안에서 밖으로 밀어 내보냄.

3 밑줄 친 내용과 관련이 있는 어휘에 ✓표를 하세요.

• 책을 읽으며 내가 알고 싶었던 지식을 얻음.

• 시장에서 수박을 구입하고 덤으로 사과를 얻음.

☐ 이득(利得) ☐ 득점(得點) ☐ 납득(納得)

4 '얻을 득(得)'을 넣어, 빈칸에 공통으로 들어갈 어휘를 쓰세요.

종우: 자전거를 새로 사고 싶은데, 부모님이 반대하셔. 어떻게 ㅅ ㄷ 하지?

현철: 새 자전거가 필요한 까닭을 들어서 ㅅ ㄷ 해 봐.

[✎]

글 쓰며 표현力 높여요

정답과 해설 122쪽

○ '가질 취(取)'나 '얻을 득(得)'이 들어가는 어휘를 넣어서 글을 써 보세요.

나는 우리 학교의 기자예요. 내일은 이번 호 학교 신문에 어떤 내용을 실을지 의논하는 날! 최근 우리 학교나 사회에 어떤 일이 있었는지 살펴보고, 기사로 전달하고 싶은 내용을 계획해 보세요.

도움말 취득, 채취, 섭취, 취재 등에 '가질 취(取)'가 들어가요.
설득, 이득, 습득, 납득 등에 '얻을 득(得)'이 들어가요.

예 요즘 날씨가 더워서 식중독이나 장염에 걸린 친구들이 많아. 여름철 음식 섭취의 주의 사항과 관련 질병을 알려 주는 정보를 실으면 친구들이 지식을 습득할 수 있을 거야.

따라 쓰며 한자力 완성해요

取	得			
가질 취	얻을 득			

오늘의 학습을 평가해 보아요. 부족함 보통임 잘함

17 미만(未滿)

정한 수효나 정도에 차지 못함.

未 아닐 미

영상으로 필순 보기

'木(나무 목)' 위에 획을 하나 더해, 나무 끝에 가느다란 가지를 표현한 글자입니다. 아직 희미한 모양이라는 의미에서 '아니다'를 뜻합니다.

滿 찰 만

영상으로 필순 보기

물이 많이 든 항아리를 표현한 '㒼(평평할 만)'에 '氵(水, 물 수)'를 더한 글자입니다. 물이 가득 채워진 모양에서 '차다'를 뜻합니다.

'아닐 미(未)'와 '찰 만(滿)'이 들어간 어휘

정답과 해설 123쪽

[1~4] 다음 어휘를 살펴보고, 빈칸에 알맞은 어휘를 찾아 한글로 쓰세요.

미 만	교과	어휘	뜻풀이
아닐 未 / 찰 滿	국어	미지	아닐 未, 알 知
		미숙	아닐 未, 익을 熟
	실과	만족	찰 滿, 발/만족할 足
	체육	비만	살찔 肥, 찰 滿

1 학생의 그림 실력은 (　　　　)하지만 창의성이 돋보였습니다.

↳ 일에 아직 익숙하지 못하여 서투름.

2 (　　　　)을/를 예방하려면 계획을 세워 규칙적으로 운동해야 합니다.

↳ 살이 쪄서 몸이 뚱뚱함.

3 정해진 용돈으로 최대의 (　　　　)을/를 얻을 수 있도록 소비해 봅시다.

↳ ① 마음에 흡족함.
② 모자람이 없이 넉넉함.

4 먼 (　　　　)의 땅을 향해 항해하려면 모험심과 용기, 재정 지원이 필요했습니다.

↳ 아직 알지 못함.

문제로 어휘力 높여요

1 밑줄 친 부분과 뜻이 반대되는 어휘에 ✓표를 하세요.

민준이는 <u>능숙한</u> 영어 실력으로 외국인과 막힘없이 대화했다.

☐ 성숙(成熟)하다 ☐ 노숙(老熟)하다 ☐ 미숙(未熟)하다

2 빈칸에 알맞은 글자를 보기에서 골라 한글로 쓰세요.

보기
만(찰 滿)
래(올 來)
지(알 知)

1 탐험가가 되어서 미☐의 땅에 가 보고 싶어.

2 인류의 미☐를 위해 환경에 관심을 기울여야 해.

3 학생 수가 10명 미☐이라면 축구보다는 농구가 낫겠어.

3 빈칸에 공통으로 들어갈 어휘를 고르세요.

- 요리사는 손님들의 표정이 ☐스러운 것을 보고 기분이 좋았다.
- 윤석 씨는 꿈꿔 온 사회 복지사가 되어, 지금의 생활에 ☐하고 있다.

① 불만 ② 만끽 ③ 만료 ④ 만족 ⑤포만감

4 빈칸에 '찰 만(滿)'이 들어가는 어휘를 쓰세요.

☐을/를 예방 하기 위한 올바른 생활 습관

- 음식을 골고루 먹기
- 규칙적으로 운동하기
- 탄산음료나 기름진 음식 피하기

글 쓰며 표현力 높여요

정답과 해설 123쪽

'아닐 미(未)'나 '찰 만(滿)'이 들어가는 어휘를 넣어서 글을 써 보세요.

10년 전에 상상했던 일들이 현재 기술의 발달로 이루어진 것들이 참 많아요. 10년, 20년 후에 우리 사회는 어떤 모습이 될지 마음껏 상상해 보세요. 여러분의 상상이 눈앞에 펼쳐지는 날이 올 거예요!

도움말 미지, 미숙, 미성년, 미래 등에 '아닐 미(未)'가 들어가요.
미만, 만족, 만끽, 포만감 등에 '찰 만(滿)'이 들어가요.

예 미래에는 우주로 소풍을 가겠죠? 한 알만 먹어도 포만감이 느껴지는 우주 식량도 먹을 수 있을 거예요. 우주의 자유로움과 아름다움을 만끽하는 만족스러운 소풍이 기대돼요!

따라 쓰며 한자力 완성해요

未		滿					
아닐	미	찰	만				

오늘의 학습을 평가해 보아요. 부족함 보통임 잘함

18 빈부(貧富)

가난함과 부유함을 아울러 이르는 말.

貧 가난할 빈

영상으로 필순 보기

화폐를 뜻하는 '貝(조개 패)'와 '分(나눌 분)'을 합한 글자로, 돈을 나누어서 적어졌거나, 나눌 것이 없다는 의미에서 '가난하다'를 뜻합니다.

富 부유할 부

영상으로 필순 보기

'宀(집 면)'과 항아리를 표현한 '畐(가득할 복)'을 합한 글자로, 항아리에 재산이 가득하다는 의미에서 '부유하다'를 뜻합니다.

'가난할 빈(貧)'과 '부유할 부(富)'가 들어간 어휘

정답과 해설 124쪽

[1~4] 예문을 보고, 어휘의 알맞은 뜻을 찾아 ✓표를 하세요.

사회

빈곤
가난할 貧 곤할 困

가뭄이 계속되면 물과 식량이 부족해서 빈곤 문제가 심각해집니다.

1 ☐ 가난한 사람을 도와줌.
☑ 가난하여 살기가 어려움.

국어

빈혈
가난할 貧 피 血

끼니를 거르면 영양소가 부족하게 되어 빈혈이 생길 수 있습니다.

2 ☐ 혈액 속에 적혈구나 헤모글로빈이 부족한 상태.
☐ 건강한 사람의 혈액을 환자의 혈관 내에 주입하는 것.

음악

풍부
풍년 豐 부유할 富

곡선의 아름다움이 스며든 우리의 전통문화를 이해하면, 우리 가락을 더욱 풍부하게 느낄 수 있어요.

3 ☐ 넉넉하고 많음.
☐ 일정한 정도나 양에 이르지 못함.

미술

부귀
부유할 富 귀할 貴

모란은 행복과 부귀를 소망하는 꽃이에요.

4 ☐ 재산이 많고 지위가 높음.
☐ 세상에 널리 인정받아 좋은 평판을 얻음.

문제로 어휘 力 높여요

1 **밑줄 친 '빈곤(貧困)'의 쓰임이 알맞은 것에 ✓표를 하세요.**

- [ ] 빈곤 격차를 해소해야 한다.
- [ ] 빈곤 검사를 정기적으로 해야 한다.
- [ ] 빈곤 문제를 해결하기 위해 모금 활동을 하고 있다.

2 **가로세로 낱말 퍼즐에 들어갈 말을 쓰세요.**

빈	1
2	

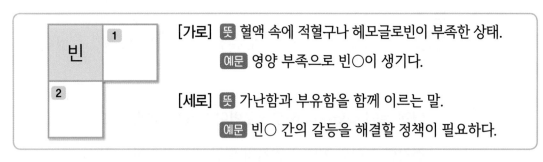

[가로] 뜻 혈액 속에 적혈구나 헤모글로빈이 부족한 상태.

예문 영양 부족으로 빈○이 생기다.

[세로] 뜻 가난함과 부유함을 함께 이르는 말.

예문 빈○ 간의 갈등을 해결할 정책이 필요하다.

1 [ ] 2 [ ]

3 **'부유할 부(富)'를 넣어, 빈칸에 알맞은 말을 쓰세요.**

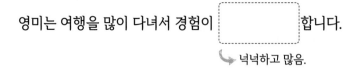

영미는 여행을 많이 다녀서 경험이 [ ] 합니다.

넉넉하고 많음.

4 **'부귀(富貴)'의 뜻과 거리가 먼 어휘에 ✓표를 하세요.**

부귀(富貴)

: 재산이 많고 지위가 높음.

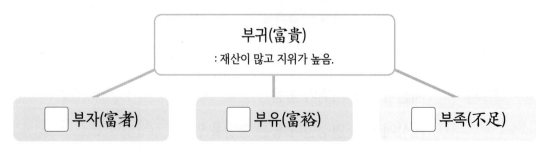

- [ ] 부자(富者)
- [ ] 부유(富裕)
- [ ] 부족(不足)

글 쓰며 표현力 높여요

정답과 해설 124쪽

‘가난할 빈(貧)’이나 ‘부유할 부(富)’가 들어가는 어휘를 넣어서 글을 써 보세요.

조선 시대 의적, ‘홍길동’은 ‘활빈당’을 만들어 부자들의 재산을 몰래 훔쳐 가난한 사람들에게 나누어 주었대요. 그의 행동은 과연 옳은 행동일까요? 여러분의 의견을 말해 주세요!

도움말 빈부, 빈곤, 빈혈, 빈민 등에 ‘가난할 빈(貧)’이 들어가요.
풍부, 부귀, 부유, 부자 등에 ‘부유할 부(富)’가 들어가요.

예 조선 시대에는 부당하게 이익을 취해 부자가 된 사람들이 많았대요. 이렇게 부유해진 사람들의 재산으로, 빈민을 돕고자 했던 홍길동의 행동은 옳다고 생각해요!

따라 쓰며 한자力 완성해요

貧		富					
가난할	빈	부유할	부				

오늘의 학습을 평가해 보아요. 부족함 보통임 잘함

19 수익(收益)

이익을 거두어들임. 또는 그 이익.

收 거둘 수

영상으로 필순 보기

줄이 얽힌 모양의 '丩(얽힐 구)'와 매를 뜻하는 '攵(칠 복)'을 합해, 줄과 매로 죄인을 잡아 거두어들인다는 의미에서 '거두다'를 뜻합니다.

益 더할 익

영상으로 필순 보기

'皿(그릇 명)' 위에 물을 표현한 글자입니다. 그릇 위로 물을 더 부어 물이 넘치는 모습에서 '더하다'를 뜻합니다.

'거둘 수(收)'와 '더할 익(益)'이 들어간 어휘

정답과 해설 125쪽

[1~4] 다음 어휘를 살펴보고, 빈칸에 알맞은 어휘를 찾아 한글로 쓰세요.

수익
거둘 收 / 더할 益

- 실과 **수확** — 거둘 收, 거둘 穫
- 과학 **수거** — 거둘 收, 갈 去
- 사회 **이익** — 이로울 利, 더할 益
- 도덕 **유익** — 있을 有, 더할 益

1 바다 쓰레기를 ( ) 하는 로봇을 설계해 보세요.
↳ 다 쓴 물건 등을 거두어 감.

2 제철 식품은 ( ) 한 지 얼마 되지 않아 신선하기 때문에 더욱 맛있는 거란다.
↳ 익은 농작물을 거두어들임. 또는 거두어들인 농작물.

3 공공 기관은 개인의 ( ) 이/가 아닌 주민 전체의 이익을 위하여 세운 기관이야.
↳ 물질적으로나 정신적으로 보탬이 되는 것.

4 여러 가지 사전을 사용해 보면서 편리하거나 ( ) 했던 방법이 있으면 발표해 보자.
↳ 이롭거나 도움이 될 만한 것이 있음.

문제로 어휘 力 높여요

1

'수(收)' 자를 넣어, 밑줄 친 부분에 알맞은 어휘를 한글로 쓰세요.

학생들은 버려진 상자나 헌옷 등의 재활용품을 **1** ________해 고물상에 팔고, 100만 원의 **2** ________을/를 올렸습니다.

(1: 다 쓴 물건 등을 거두어 감.)

(2: 이익을 거두어 들임. 또는 그 이익.)

1 [ ] **2** [ ]

2

밑줄 친 '수확(收穫)'의 쓰임이 적절하지 <u>않은</u> 문장의 기호를 쓰세요.

㉠ 이번 가을은 다른 해보다 일찍 벼의 수확을 마쳤다.

㉡ 봄에 씨를 뿌린 곡식을 수확하는 가을이 되자, 농촌의 일손이 바빠졌다.

㉢ 이 민담에는 탐관오리의 수확에 시달리던 백성들의 이야기가 실려 있다.

[ ]

3

어휘의 의미가 나머지와 <u>다른</u> 하나를 골라 ✓표를 하세요.

- ☐ 익숙하다
- ☐ 유익하다
- ☐ 이익을 얻다
- ☐ 보탬이 되다

4

밑줄 친 한자 성어의 알맞은 뜻을 괄호 안에서 골라 ○표를 하세요.

'흡연은 백해무익한 행동이다.'에서 '백해무익'은 '일백 百, 해로울 害, 없을 無, 더할 益'을 합한 한자 성어로, '백 가지가 (이롭고 | 해롭고), 하나도 (이로운 | 해로운) 것이 없음.'을 뜻합니다.

글 쓰며 **표현**力높여요

정답과 해설 125쪽

◎ '거둘 수(收)'나 '더할 익(益)'이 들어가는 어휘를 넣어서 글을 써 보세요.

우리가 열심히 분리배출을 했던 사진, 종이컵, 영수증, 우유팩 등은 모두 재활용되지 않는 쓰레기였대요. 잘못된 분리배출 정보를 바로잡아 올바른 분리배출을 하도록 친구들에게 권유해 보세요.

도움말 수익, 수확, 수거, 수집 등에 '거둘 수(收)'가 들어가요.
이익, 유익, 공익, 손익 등에 '더할 익(益)'이 들어가요.

예 오염된 종이나 플라스틱병은 꼭 깨끗이 씻어서 수거해 갈 수 있도록 해야 해. 환경을 살리는 일이 결국 우리에게 유익한 일이라는 것을 잊지 마!

따라 쓰며 **한자**力완성해요

收		益					
거둘	수	더할	익				

오늘의 학습을 평가해 보아요. 부족함 보통임 잘함

《 공부한 날짜 월 일 》

20 증감(增減)

많아지거나 적어짐. 또는 늘리거나 줄임.

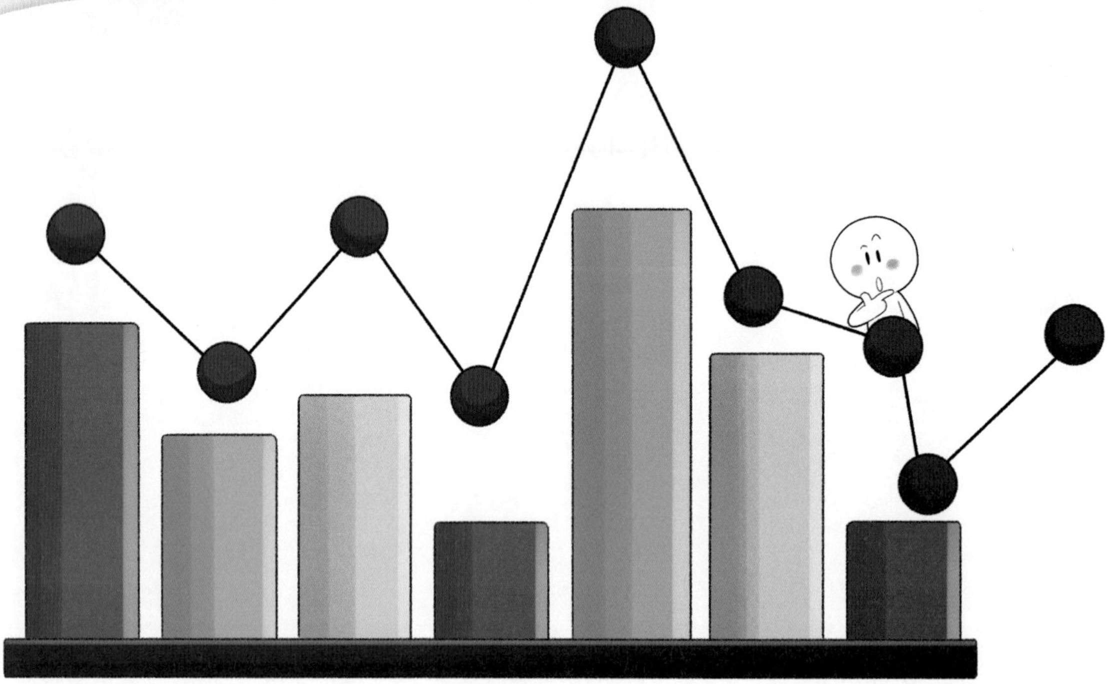

增 더할 증

영상으로 필순 보기

'土(흙 토)'에 '겹치다'라는 의미인 '曾(일찍 증)'을 합한 글자입니다. 흙을 겹쳐 쌓는다는 의미에서 '더하다'를 뜻합니다.

減 덜 감

영상으로 필순 보기

'氵(水, 물 수)'와 '咸(다 함)'을 합한 글자로, 물이 다 나왔다는 데서 '덜다', '줄다'라는 뜻을 나타냅니다.

'더할 증(增)'과 '덜 감(減)'이 들어간 어휘

정답과 해설 126쪽

[1~4] 다음 어휘를 살펴보고, 빈칸에 알맞은 어휘를 찾아 한글로 쓰세요.

증감 (더할 增, 덜 減)

- 체육 **증진** — 더할 增, 나아갈 進
- 사회 **급증** — 급할 急, 더할 增
- 국어 **감소** — 덜 減, 적을 少
- 국어 **절감** — 마디 節, 덜 減

1 불안감을 [ ] 하는 데에는 달리기가 효과적입니다.

↳ 양이나 수가 이전보다 줄어듦.

2 건강 체력을 [ ] 하려면 내 수준에 맞는 체력 운동을 해야 해요.

↳ 기운이나 세력 등이 점점 더 늘어가고 좋아짐.

3 합리적 소비를 위해 에너지가 [ ] 되는 텔레비전을 사는 게 좋겠어요.

↳ 아끼어 줄임.

4 우리의 대중가요와 드라마 등 한류를 즐기는 외국인이 [ ] 하고 있어요.

↳ 갑작스럽게 늘어남.

문제로 어휘 力 높여요

1 밑줄 친 곳에 알맞은 어휘를 쓰세요.

민지: 요즘 유행병에 걸리는 사람이 2만 명과 4만 명 사이에서 **1** ________을/를 반복하고 있대.
(많아지거나 적어짐.)

주연: 유행병 환자의 수가 **2** ________해야 할텐데…….
(양이나 수가 이전보다 줄어듦.)

1 [ ] **2** [ ]

2 빈칸에 공통으로 들어갈 어휘를 고르세요.

- 가게를 찾는 손님이 [ ]하여 단시간에 모든 물건이 동났다.
- 갑자기 찾아온 찜통더위에 전력 사용량이 [ ]하여 정전이 발생했다.

① 증명 ② 증설 ③ 증편 ④ 급증 ⑤ 인증

3 내용의 흐름에 알맞은 어휘를 괄호 안에서 골라 ○표를 하세요.

청소년의 영상 시청 시간이 **1** (증가 | 감소)함에 따라 운동량이 부족하여 문제가 되고 있습니다. 규칙적인 운동을 하여 체력을 **2** (증진 | 감퇴)할 수 있도록 노력해야 합니다.

4 밑줄 친 글자에 '덜 감(減)'이 쓰이지 않는 것에 ✓표를 하세요.

- [ ] 체중을 감량하다.
- [ ] 비용을 절감하다.
- [ ] 식욕이 감퇴하다.
- [ ] 그림을 감상하다.

글 쓰며 표현力 높여요

정답과 해설 126쪽

◎ '더할 증(增)'이나 '덜 감(減)'이 들어가는 어휘를 넣어서 글을 써 보세요.

아래 항목을 위주로 나의 생활 습관을 점검해 보고, 건강한 생활을 지키기 위한 다짐을 써 보세요.

- 수면 시간
- 운동 시간
- 스마트폰 사용 시간
- 패스트푸드 섭취량

도움말 증진, 급증, 증가, 증폭 등에 '더할 증(增)'이 들어가요.
감소, 절감, 가감, 감퇴 등에 '덜 감(減)'이 들어가요.

예 최근에 라면을 사 먹는 횟수가 증가해서인지 늘 배가 더부룩한 느낌이 들어요. 앞으로는 건강한 식사를 해서 체력을 증진하고, 간식 비용도 절감해야겠어요.

따라 쓰며 한자力 완성해요

增	減				
더할 증	덜 감				

오늘의 학습을 평가해 보아요. 부족함 보통임 잘함

16~20 독해로 마무리해요

정답과 해설 127쪽

1~2 다음 글을 읽고, 물음에 답하세요.

아침 식사의 유익(有益)한 점을 알아볼까요? 우리의 뇌는 혈당을 주요 에너지원으로 사용하고, 이 혈당은 식사를 통해 공급돼요. 그러므로 아침 식사를 하게 되면, 뇌의 기능이 활발해져 집중력, 기억력 등이 증진(增進)합니다. 또한 아침 식사는 비만(肥滿)을 막는 데에도 도움이 됩니다. 오랫동안 배가 고픈 상태에 있다가 음식을 섭취(攝取)하면, 쉽게 만족(滿足)을 느끼지 못해 과식으로 이어지기 쉽기 때문입니다. 그리고 아침 식사는 우리 몸에 풍부(豐富)한 영양소를 공급하므로, 감기나 빈혈(貧血)과 같은 다양한 질병도 예방할 수 있습니다. 또한 호르몬을 규칙적으로 분비하도록 하여 불안감을 감소(減少)시켜 주기도 한대요. 이렇듯 건강에 유익한 아침 식사! 이제부터라도 아침 식사를 하고, 건강한 하루를 시작해 보세요!

1

이 글에 나온 어휘로, 이 글의 핵심 내용을 완성하세요.

{ 건강에 ☐☐한 아침 식사 }

2

아침 식사의 좋은 점으로 알맞지 <u>않은</u> 것을 고르세요.

① 불안감을 감소시킨다.
② 뇌의 기능이 활발해진다.
③ 쉽게 포만감을 느끼지 못하게 한다.
④ 우리 몸에 풍부한 영양소를 공급한다.
⑤ 감기나 빈혈과 같은 질병을 예방한다.

생활 속 성어

안빈낙도
편안할 安 가난할 貧 즐거울 樂 길 道

가난한 생활을 하면서도 편안한 마음으로 도를 즐겨 지킨다는 뜻입니다. 곤궁한 처지에 구애되지 않고 자신의 삶을 묵묵히 살아나가는 삶의 태도를 가리키는 말로 쓰입니다.

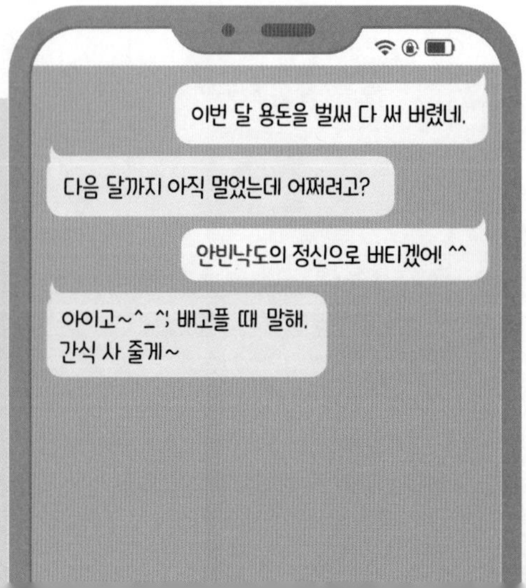

이번 달 용돈을 벌써 다 써 버렸네.
다음 달까지 아직 멀었는데 어쩌려고?
안빈낙도의 정신으로 버티겠어! ^^
아이고~^_^; 배고플 때 말해.
간식 사 줄게~

놀이로 정리해요

정답과 해설 127쪽

어휘의 뜻풀이가 맞으면 ○로, 틀리면 ×로 건너가서 개구리 친구에게 줄 선물을 골라 보세요.

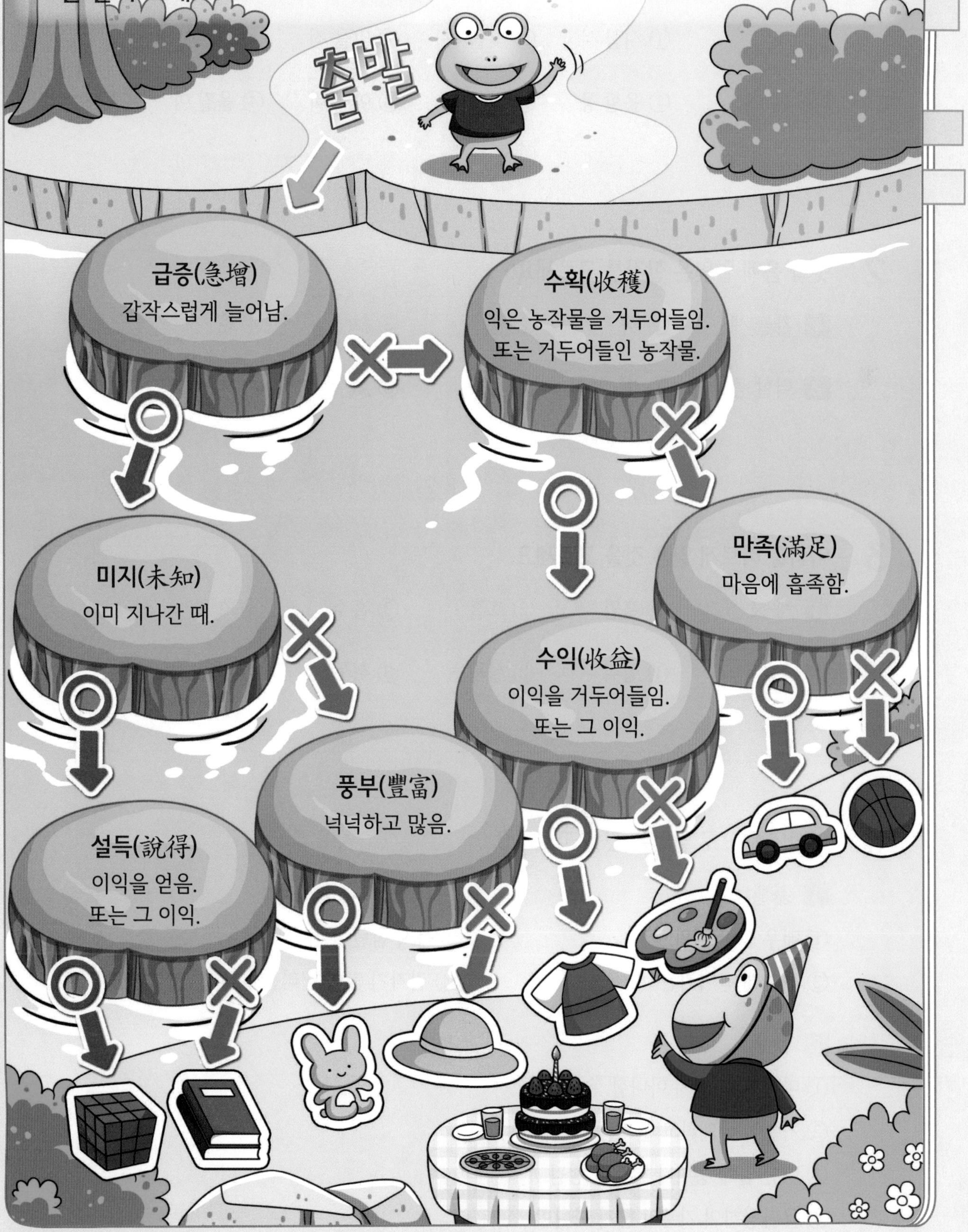

출발
급증(急增)
갑작스럽게 늘어남.
수확(收穫)
익은 농작물을 거두어들임.
또는 거두어들인 농작물.
미지(未知)
이미 지나간 때.
만족(滿足)
마음에 흡족함.
수익(收益)
이익을 거두어들임.
또는 그 이익.
풍부(豐富)
넉넉하고 많음.
설득(說得)
이익을 얻음.
또는 그 이익.

급수 시험 맛보기

1 한자의 뜻과 음으로 바른 것을 고르세요.

1 誤 ① 시험 시 ② 찾을 탐 ③ 맞을 적 ④ 그르칠 오

2 蟲 ① 응할 응 ② 벌레 충 ③ 아닐 비 ④ 옮길 이

2 뜻과 음에 알맞은 한자를 고르세요.

1 가늘 세 ① 解 ② 齒 ③ 細 ④ 密

2 더할 증 ① 增 ② 益 ③ 減 ④ 未

3 어휘를 바르게 읽은 것을 고르세요.

1 呼吸 ① 흡입 ② 호흡 ③ 흡수 ④ 호소

2 取得 ① 섭취 ② 설득 ③ 취득 ④ 이득

4 어휘의 뜻으로 알맞은 것을 고르세요.

1 暴雪

① 매우 심한 더위. ② 몹시 심한 추위.

③ 세차게 쏟아지는 비. ④ 갑자기 많이 내리는 눈.

2 快適

① 마음에 꼭 맞지 아니함.

② 기분이 상쾌하고 즐거움.

③ 어떤 일에 흥미나 열성이 생김.

④ 못마땅하여 기분이 좋지 아니함.

정답과 해설 128쪽

5 밑줄 친 어휘를 바르게 읽은 것을 고르세요.

1 상처가 생겼을 때는 바로 깨끗하게 消毒해야 한다.

① 소독 ② 세척 ③ 세수 ④ 소멸

2 어젯밤에 주문한 물건이 오늘 아침에 配送되었다.

① 송금 ② 배달 ③ 발송 ④ 배송

6 밑줄 친 어휘를 한자로 바르게 쓴 것을 고르세요.

나는 선생님의 진심 어린 충고를 마음에 깊이 새겨 두었다.

① 純眞 ② 操心 ③ 眞心 ④ 眞率

7 '富貴'의 뜻과 거리가 먼 어휘를 고르세요.

① 富裕 ② 富者 ③ 豐富 ④ 貧困

8 빈칸에 공통으로 들어갈 한자를 고르세요.

虛□ □力 大□

① 勢 ② 純 ③ 合 ④ 援

정답과 해설

정답
QR 코드

완자

공부력 가이드

완자 공부력 시리즈는
앞으로도 계속 출간될 예정입니다.

쓰기력

- 국어 맞춤법 바로 쓰기 1~2학년용 4책

어휘력

- 전과목 어휘 1~6학년용 12책
- 전과목 한자 어휘 1~6학년용 12책
- 영어 파닉스 1~2학년용 2책
- 영어 영단어 3~6학년용 8책

독해력

- 국어 독해 1~6학년용 12책
- 한국사 독해 인물편 3~6학년용 4책
- 한국사 독해 시대편 3~6학년용 4책

계산력

- 수학 계산 1~6학년용 12책

완자 공부력 시리즈로 공부 근육을 키워요!

학습의 기초가 되는 읽기, 쓰기, 셈하기와 관련된 공부력을 키워야 여러 교과를 터득하기 쉬워집니다. 또한 어휘력과 독해력, 쓰기력, 계산력을 바탕으로 한 '공부력'은 자기주도 학습으로 상당한 단계까지 올라갈 수 있는 밑바탕이 되어 줍니다. 그래서 매일 꾸준한 학습이 가능한 **'완자 공부력 시리즈'**로 공부하면 **자기주도학습이 가능한 튼튼한 공부 근육**을 키울 수 있을 것이라 확신합니다.

효과적인 공부력 강화 계획을 세워요!

학년별 공부 계획

내 학년에 맞게 꾸준하게 공부 계획을 세워요!

		1-2학년	3-4학년	5-6학년
기본	독해	국어 독해 1A 1B 2A 2B	국어 독해 3A 3B 4A 4B	국어 독해 5A 5B 6A 6B
	계산	수학 계산 1A 1B 2A 2B	수학 계산 3A 3B 4A 4B	수학 계산 5A 5B 6A 6B
	어휘	전과목 어휘 1A 1B 2A 2B	전과목 어휘 3A 3B 4A 4B	전과목 어휘 5A 5B 6A 6B
		파닉스 1 2	영단어 3A 3B 4A 4B	영단어 5A 5B 6A 6B
확장	어휘	전과목 한자 어휘 1A 1B 2A 2B	전과목 한자 어휘 3A 3B 4A 4B	전과목 한자 어휘 5A 5B 6A 6B
	쓰기	맞춤법 바로 쓰기 1A 1B 2A 2B		
	독해		한국사 독해 인물편 1 2 3 4	
			한국사 독해 시대편 1 2 3 4	

시기별 공부 계획

학기 중에는 **기본**, 방학 중에는 **기본 + 확장**으로 공부 계획을 세워요!

방학 중			
학기 중			
기본			확장
독해	계산	어휘	어휘, 쓰기, 독해
국어 독해	수학 계산	전과목 어휘	전과목 한자 어휘
		파닉스(1~2학년) 영단어(3~6학년)	맞춤법 바로 쓰기(1~2학년) 한국사 독해(3~6학년)

예시 초1 학기 중 공부 계획표 주 5일 하루 3과목 (45분)

월	화	수	목	금
국어 독해	국어 독해	국어 독해	국어 독해	국어 독해
수학 계산	수학 계산	수학 계산	수학 계산	수학 계산
전과목 어휘	파닉스	전과목 어휘	전과목 어휘	파닉스

예시 초4 방학 중 공부 계획표 주 5일 하루 4과목 (60분)

월	화	수	목	금
국어 독해	국어 독해	국어 독해	국어 독해	국어 독해
수학 계산	수학 계산	수학 계산	수학 계산	수학 계산
전과목 어휘	영단어	전과목 어휘	전과목 어휘	영단어
한국사 독해 인물편	전과목 한자 어휘	한국사 독해 인물편	전과목 한자 어휘	한국사 독해 인물편

01 탐구(探究)

'찾을 탐(探)'과 '연구할 구(究)'가 들어간 어휘

본문 9쪽

1 탐색(探索)	□ 경치 좋은 곳이나 유적지 등을 구경하기 위하여 찾아감. ☑ 모르는 사실이나 사물을 알아내기 위하여 살피고 조사함.
2 탐정(探偵)	□ 기사를 취재하여 쓰거나 편집하는 사람. ☑ 드러나지 않은 사정을 몰래 살펴 알아내는 사람.
3 연구(硏究)	□ 배우가 배역의 인물, 성격, 행동 등을 표현해 내는 일. ☑ 어떤 일이나 사물을 자세히 조사하고 생각하여 진리를 따져 보는 일.
4 학구열(學究熱)	☑ 학문 연구에 대한 정열. □ 배우지 못하여 느끼는 좌절.

문제로 어휘力 높여요

본문 10쪽

1 탐정

과학적인 수사를 하여 밝혀지지 않은 사건의 진실을 밝힌다고 하였으므로, 빈칸에는 드러나지 않은 사정을 몰래 살펴 알아내는 사람을 뜻하는 '탐정(探偵)'이 들어갈 수 있다.

2 1 탐색 2 탐구

1 매체를 활용하여 직업 정보를 찾아보자는 내용이므로, 모르는 사실이나 사물을 알아내기 위하여 조사하는 것을 뜻하는 '탐색(探索)'이 알맞다. '탐험(探險)'은 알려지지 않은 곳을 위험을 무릅쓰고 찾아다니며 살피는 것을, '탐방(探訪)'은 어떤 사실을 자세히 알아보려고 사람이나 장소를 직접 찾아가는 것을 의미한다.

2 노벨상을 받았다는 내용으로 보아, 필요한 것을 조사하여 찾아내거나 얻어 내는 활동을 뜻하는 '탐구(探求)'가 알맞다. '정탐(偵探)'과 '염탐(廉探)'은 남의 형편이나 사정을 몰래 살피고 조사하는 것을 의미한다.

3 연구(硏究)

첫 번째 문장은 환경 보전 관련 기술을 조사하여 알아내는 환경 과학자의 일을 설명하고 있고, 두 번째 문장은 미생물의 특성에 대해 조사하여 알아낸 내용이 담긴 책을 소개하고 있다. 따라서 두 문장의 빈칸에는 어떤 일이나 사물을 자세히 조사하고 생각하여 진리를 따져 보는 일을 의미하는 '연구(硏究)'가 들어갈 수 있다. '연기(延期)'는 정해진 기한을 뒤로 물려서 늘리는 것을, '연습(練習)'은 익숙해지도록 되풀이하여 익히는 것을 의미한다.

4 학구열

'유민'과 '소연'은 도서관을 찾거나 책을 읽어 지식을 열심히 쌓으려는 모습을 보인다. 이와 같은 학문 연구에 대한 정열을 '학구열(學究熱)'이라고 한다.

글 쓰며 표현力 높여요

본문 11쪽

예시 지금은 연구가 잘 풀리지 않는 것 같아도, 박사님의 열정과 탐구 정신이라면 어려움이 금방 해결될 것이라고 생각해요. 오늘도 끊임없이 새로운 방안을 강구하는 박사님을 존경합니다.

02 쾌적(快適)

‘쾌할 쾌(快)’와 ‘맞을 적(適)’이 들어간 어휘

본문 13쪽

1 시원한 바람을 맞으며 스키를 타니 기분이 [상쾌]했습니다.

2 감정과 욕구를 [적절]하게 조절하고 표현하는 방법을 익혀 봅시다.

3 브라질의 삼바는 4분의 2박자 리듬으로 [경쾌]하고 정열적인 것이 특징입니다.

4 영국인들은 영국 단위를 [적용]해 나폴레옹의 키를 5피트 2인치(약 157 cm)로 생각했습니다.

문제로 어휘力 높여요

본문 14쪽

1 쾌

첫 번째 문장은 ‘엄마’가 깨끗하게 치워진 방을 보고 한 말이므로, 기분이 상쾌하고 좋음을 뜻하는 ‘쾌적(快適)’이 쓰일 수 있다. 두 번째 문장은 ‘솔이’가 깨끗한 자신의 방을 보고 느낌을 표현한 말이므로, 느낌이 시원하고 산뜻함을 뜻하는 ‘상쾌(爽快)’가 쓰일 수 있다. 따라서 대화의 두 빈칸에 공통으로 들어갈 글자는 ‘쾌(快)’이다.

2 움직임이나 모습, 기분 등이 가볍고 상쾌하다.

‘경쾌(輕快)하다’는 ‘움직임이나 모습, 기분 등이 가볍고 상쾌하다.’라는 뜻을 지닌 어휘로, 수업을 마치고 친구들과 놀러 가는 아이들의 발걸음을 표현하는 데 알맞다. ‘근심스럽거나 답답하여 활기가 없다.’라는 뜻을 지닌 어휘는 ‘우울하다’이고, ‘모습이나 마음 등이 조용하고 평화롭다.’라는 뜻을 지닌 어휘는 ‘고요하다’이다.

3 적용

‘적용(適用)’은 알맞게 이용하거나 맞추어 씀을 의미한다. 제시된 문장은 도자기를 만들 때 상감 기법을 이용했다는 내용이므로, 빈칸에 ‘적용’이 들어갈 수 있다.

4 소심한

‘적절(適切)하다’는 ‘꼭 알맞다.’라는 뜻이다. 이와 비슷한 뜻의 어휘는 ‘마땅하다(행동이나 대상 등이 일정한 조건에 어울리게 알맞다.)’, ‘알맞다(일정한 기준, 조건, 정도 등에 넘치거나 모자라지 아니한 데가 있다.)’이다. ‘소심하다’는 ‘대담하지 못하고 조심성이 지나치게 많다.’라는 뜻이므로 밑줄 친 어휘와 바꾸어 쓸 수 없다.

글 쓰며 표현力 높여요

본문 15쪽

예시 동생아, 이번 주부터 나랑 체조를 배워 볼래? 경쾌한 노래에 맞추어 체조하면 기분이 상쾌해지고, 체력이 좋아지는 걸 느끼게 될 거야. 열심히 배워서 생활에 적용해 보자.

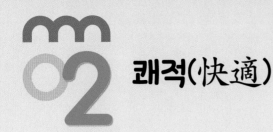

03 순진(純眞)

● '순수할 순(純)'과 '참 진(眞)'이 들어간 어휘

본문 17쪽

1 **단순(單純)**
- [x] 복잡하지 않고 간단함.
- [ ] 여러 가지가 얽혀 있음.

2 **불순(不純)**
- [x] 딴 속셈이 있어 참되지 못함.
- [ ] 도리에 어긋나지 않고 올바름.

3 **진솔(眞率)**
- [x] 진실하고 솔직함.
- [ ] 사실이 아닌 것을 사실처럼 꾸밈.

4 **진심(眞心)**
- [ ] 거짓이 없는 참된 말.
- [x] 거짓이 없는 참된 마음.

문제로 **어휘力** 높여요

본문 18쪽

1 순진

2 복잡

'단순(單純)하다'는 '복잡하지 않고 간단하다.'라는 뜻의 어휘이다. '간단하다'는 단순하고 간략하다는 의미, '간략하다'는 간단하고 짤막하다는 의미로, '단순하다'와 바꾸어 쓸 수 있다. 그러나 '복잡하다'는 일이나 감정 등이 갈피를 잡기 어려울 만큼 여러 가지가 얽혀 있다는 의미이므로 바꾸어 쓸 수 없다.

3 ⑤

'진솔(眞率)하다'는 '진실하고 솔직하다.'라는 뜻이므로 ⑤의 '둘러댔다(그럴듯한 말로 꾸며대다.)'라는 표현과 어울리지 않는다. ⑤의 밑줄 친 부분은 문맥상 '진솔하게'가 아니라 '거짓으로'가 쓰여야 한다.

4 거짓이 없는 참된 마음.

'진심'은 '참 진(眞)'과 '마음 심(心)'을 써서 거짓이 없는 참된 마음을 의미하는 어휘이다. '남의 처지를 헤아려 주고 도와주는 마음'을 '배려'라고 하고, '자신의 가치나 능력을 믿고 당당히 여기는 마음'을 '자부심'이라고 한다.

글 쓰며 **표현力** 높여요

본문 19쪽

예시 이 그림은 세상을 어지럽히는 불순물을 없애는 모습을 상징적으로 표현한 것입니다. 우리 아이들이 깨끗한 세상에서 순수한 마음을 간직하며 살아갔으면 하는 제 진심을 담은 작품이에요.

04 허세(虛勢)

● '빌 허(虛)'와 '형세 세(勢)'가 들어간 어휘 본문 21쪽

1 홀로그램 기술을 이용하면 사과가 [허공]에 떠 있게 할 수 있어.

2 [허위] 광고는 있지도 않은 상품의 기능을 있는 것처럼 설명한다.

3 고조선은 다른 부족을 정복하거나 통합하면서 [세력]을/를 확장했다.

4 수미는 "요즘에는 연예인이 [대세]이다."라고 하며 장래 희망을 바꿨다.

문제로 어휘力 높여요

본문 22쪽

1 ③

'허위(虛僞)'는 진실이 아닌 것을 진실인 것처럼 꾸민 것을 뜻하므로, 밑줄 친 '거짓'과 바꾸어 쓸 수 있다. '허무'는 무가치하고 무의미하게 느껴져 매우 허전하고 쓸쓸함을, '허공'은 텅 빈 공중을, '허리'는 사람이나 동물의 갈빗대 아래에서부터 엉덩이까지의 잘록한 부분을, '허탈'은 몸에 기운이 빠지고 정신이 멍한 상태를 의미한다.

2 허락

'허공(虛空)'과 '허세(虛勢)'의 뜻에는 모두 '비다'라는 의미가 포함되어 있으므로 '빌 허(虛)'가 쓰였음을 알 수 있다. 그러나 '허락'은 '청하는 일을 하도록 들어줌.'이라는 뜻이므로 '비다'라는 의미가 포함되어 있지 않다. '허락'은 '허락할 허(許)'가 쓰였다.

3 세력

제시된 문장은 여러 지역을 점령한 광개토대왕의 힘에 대한 내용으로, 빈칸에 권력이나 기세의 힘을 의미하는 '세력(勢力)'이 들어갈 수 있다.

4 ㉡

㉡은 문맥상 선수가 다쳐서 실력이 떨어진다는 내용이므로, 빈칸에 일이 진행되어 가는 결정적인 형세를 의미하는 '대세(大勢)'가 들어가기에 알맞지 않다. 빈칸에는 어떤 것이 떨어지는 흐름을 의미하는 '하락세' 등이 들어갈 수 있다. ㉠은 요즘 사람들이 친구와 대화하는 방법에 대한 내용이고, ㉢은 환경을 생각하여 플라스틱을 사지 않는 흐름에 대한 내용이므로 빈칸에 '대세(大勢)'가 들어갈 수 있다.

글 쓰며 표현力 높여요

본문 23쪽

예시 서둘러 달려왔는데 허위 사실이었다니 너무 허탈하구나. 심심할 때는 차라리 허공을 바라보며 노래를 부르는 게 좋지 않을까? 우리도 매우 바쁘단다.

05 오해(誤解)

'그르칠 오(誤)'와 '풀 해(解)'가 들어간 어휘

본문 25쪽

1 **오자(誤字)**
- [ ] 빠진 글자.
- [x] 잘못 쓴 글자.

2 **오류(誤謬)**
- [x] 그릇되어 이치에 맞지 않는 일.
- [ ] 잘못된 대답을 함. 또는 그 대답.

3 **분해(分解)**
- [ ] 여러 부품을 하나의 구조물로 짜 맞춤.
- [x] 여러 부분이 결합되어 이루어진 것을 그 낱낱으로 나눔.

4 **해결(解決)**
- [x] 사건이나 문제를 풀거나 처리하는 것.
- [ ] 문제나 사건의 내용 등을 알기 쉽게 풀어 설명하는 것.

문제로 어휘力 높여요

본문 26쪽

1 아무 상관 없는 일, 오해

까마귀가 날아가려는 것과 배가 떨어진 것은 서로 아무 상관이 없다. 하지만 이런 일이 동시에 일어나서 사실과 다르게 잘못 아는 '오해(誤解)'를 받을 때 "까마귀 날자 배 떨어진다"라는 속담을 쓴다.

2 ㉢

'오자(誤字)'는 잘못 쓴 글자를 의미한다. 그러나 ㉢의 문장은 글자에 대한 것이 아니라 결과의 차이에 대한 내용이므로, ㉢에는 실제로 셈하거나 측정한 값과 이론적으로 정확한 값과의 차이를 가리키는 '오차(誤差)'가 알맞다.

3 분해

'분해(分解)'는 여러 부분이 결합되어 이루어진 것을 그 낱낱으로 나눔을 의미하므로 밑줄 친 '해체'와 바꾸어 쓸 수 있다.

4 해충

'해결(解決)'과 '해방(解放)'의 뜻에는 모두 '풀다'라는 의미가 포함되어 있으므로 '풀 해(解)'가 쓰였음을 알 수 있다. 그러나 '해충(害蟲)'은 인간에게 해를 끼치는 곤충을 통틀어 이르는 말로, '풀다'라는 의미가 포함되어 있지 않다. '해충'은 '해할 해(害)'가 쓰였다.

글 쓰며 표현力 높여요

본문 27쪽

예시 고슴도치: 제 가시가 따가울 거라고 오해하신 분들의 생각도 충분히 이해해요. 그렇지만 저는 가시를 세우지 않으면 따갑지 않아요. 이제 제 해명을 들으셨으니, 제게 많이 다가와 주세요.

독해로 마무리해요

본문 28쪽

1 ②

글쓴이가 읽은 책은 '코르니유 영감'이 마을 사람들에게 풍차 방앗간의 비밀을 숨겼다가, 그 비밀이 밝혀진다는 이야기이다. 그러므로 책의 제목으로 빈칸에 들어갈 어휘는 '비밀'이 적절하다.

2 1 ○ 2 × 3 ○

2 마을 사람들은 '코르니유 영감'의 비밀을 궁금해하고, 그의 비밀이 밝혀졌을 때 최선을 다해서 도왔다고 하였다. 마을 사람들과 '코르니유 영감'이 자주 다투었다는 내용은 나타나지 않는다.

놀이로 정리해요

본문 29쪽

뜻풀이와 초성을 단서로 어휘를 완성하며 징검다리를 건너 보세요.

마음이 꾸밈이 없고 순박함.
순 진 (純眞)
진리나 학문 등을 자세히 살피고 연구하는 것.
탐 구 (探究)
사실과 다르게 잘못 아는 것.
오 해 (誤解)
실속이 없이 겉으로만 드러나 보이는 기세.
허 세 (虛勢)
기분이 상쾌하고 즐거움.
쾌 적 (快適)

06 시합(試合)

● '시험 시(試)'와 '합할 합(合)'이 들어간 어휘

본문 31쪽

1	시험(試驗)	☐ 현상을 관찰하고 측정하는 일. ☑ 지식이나 능력을 검사하고 평가하는 일.
2	시도(試圖)	☐ 하려던 일을 도중에 그만두어 버림. ☑ 어떤 것을 이루어 보려고 계획하거나 행동함.
3	합창(合唱)	☐ 두 가지 이상의 악기로 동시에 연주함. ☑ 여러 사람이 목소리를 맞추어서 노래를 부름.
4	화합(和合)	☑ 화목하게 어울림. ☐ 서로 나누어 떨어짐.

문제로 어휘 力 높여요

본문 32쪽

1 1 ㉡ 2 ㉠

2 시합

두 문장 모두 서로 실력을 겨루어 승부를 내는 상황이다. 따라서 빈칸에 공통으로 들어갈 어휘로는 경기나 기술 등에서 서로의 실력을 겨루는 일을 의미하는 '시합(試合)'이 알맞다.

3 융화

'화합(和合)'은 '화목하게 어울림.'이라는 뜻이다. '융화(融和)'는 '서로 어울려 갈등이 없이 화목하게 됨.'의 뜻을 가진 어휘로 '화합'의 뜻과 비슷하다. '갈등(葛藤)'은 서로 적대시하거나 충돌하는 것을, '충돌(衝突)'은 서로 맞부딪치거나 맞서는 것을, '경합(競合)'은 서로 맞서 겨루는 것을 의미한다.

4 ③

여러 사람이 목소리를 맞추어서 노래 부르는 것을 '합창(合唱)'이라고 한다. '독창(獨唱)'은 혼자서 노래 부르는 것을, '합주(合奏)'는 두 개 이상의 악기로 연주하는 것을, '연주(演奏)'는 악기를 다루어 곡을 표현하는 것을, '가창(歌唱)'은 노래 부르는 것을 의미한다.

글 쓰며 표현 力 높여요

본문 33쪽

예시 반 친구들이 모두 모여 합창 연습을 해 보는 건 어떨까? 서로 음을 맞추려 시도하는 과정에서 갈등으로 분열된 친구들의 마음을 통합할 수 있을 거야.

07 응원(應援)

'응할 응(應)'과 '도울 원(援)'이 들어간 어휘 본문 35쪽

1 몽골이 침입했을 때 고려가 한 [대응]이/가 무엇인지 알아봅시다.

2 낯선 곳을 잠깐 여행하는 것도 힘들던데, 잘 [적응]하며 산다니 놀랍다.

3 신재효는 중인 출신의 판소리 이론가로, 많은 제자들을 [후원]하며 양성하였다.

4 훗날 콜럼버스의 든든한 [지원자]이/가 된 이사벨 1세조차 처음에는 그의 제안을 거절했다.

문제로 어휘力 높여요

본문 36쪽

1 ⑤

경기에 참여한 선수들의 힘을 북돋우기 위해 목이 쉬도록 열심히 격려했다는 내용이므로, 힘을 낼 수 있도록 곁에서 돕거나 격려하는 일을 의미하는 '응원(應援)'이 알맞다.

2 1 외면 2 단절

1 '후원(後援)'은 뒤에서 도와준다는 의미로, 조력(힘을 써서 도와줌.), 지원(지지하여 도움.), 지지(옳거나 좋다고 판단하고 뜻을 같이하여, 이를 위하여 힘을 씀.) 등과 뜻이 비슷하다. 그러나 '외면'은 '마주치기를 꺼리어 피하거나 얼굴을 돌림.'이라는 의미로, '후원'과 뜻이 비슷하지 않다.

2 '대응(對應)'은 어떤 일에 맞추어 태도나 행동을 취한다는 의미로, 대처(어떤 사건에 알맞은 조치를 취함.), 반응(자극에 대응하여 현상이 일어남.), 호응(부름에 응함.) 등과 뜻이 비슷하다. 그러나 '단절'은 '유대나 관계를 끊음.'이라는 의미로, '대응'과 뜻이 비슷하지 않다.

3 ㉠

'소원(所願)'은 바라고 원하는 일을 의미하는 말로, '바랄 원(願)'이 쓰인다. ㉡ '구원(救援)'은 어려운 사람이나 위험에 빠진 사람을 구해 주는 것을, ㉢ '원조(援助)'는 물품이나 돈으로 돕는 것을, ㉣ '성원(聲援)'은 하는 일이 잘되도록 격려하거나 도와주는 것을 의미하는 말로, 모두 '도울 원(援)'이 쓰인다.

4 지원자

불우 이웃 돕기 행사를 거드는 사람이 많았다는 내용이므로, 빈칸에는 지지하여 돕는 사람을 의미하는 '지원자(支援者)'가 알맞다.

글 쓰며 표현力 높여요

본문 37쪽

예시 가뭄으로 애가 타실 것을 생각하니 어떤 말로 응원을 드려야 할지 모르겠어요. 그래도 정부에서 농민들의 호소에 응답하여 여러 지원 방법을 찾고 있다고 해요. 저희도 후원할 수 있는 방법을 찾아볼게요. 힘내세요!

08 호흡(呼吸)

'부를/불 호(呼)'와 '마실 흡(吸)'이 들어간 어휘

본문 39쪽

1	호칭(呼稱)	☑ 이름을 지어 부름. 또는 그 이름. ☐ 악기를 두드리며 큰 소리로 노래를 부름.
2	호소(呼訴)	☐ 의기양양하여 자신 있게 말함. ☑ 억울하거나 딱한 사정을 남에게 간곡히 알림.
3	흡입(吸入)	☑ 기체나 액체를 빨아들임. ☐ 기체나 액체가 밖으로 새어 나옴.
4	흡수(吸收)	☑ 빨아서 거두어들임. ☐ 솟구쳐 뿜어져 나옴.

문제로 어휘力 높여요

본문 40쪽

1 호칭을 나타내는 말

'선생님', '형', '어머니', '아버지'는 모두 누군가를 부르는 이름이다. 이처럼 누군가를 부르기 위해 지은 이름을 '호칭(呼稱)'이라고 한다. '호응'은 부름이나 호소에 대답하거나 응하는 것을 의미한다.

2 하소연하다

'호소하다'는 '억울하거나 딱한 사정을 남에게 간곡히 알리다.'라는 의미로, '하소연하다'와 뜻이 비슷하다. '하소연하다'는 '억울한 일이나 잘못된 일, 딱한 사정을 말하다.'라는 의미이다.

3 1 흡수 2 흡입

1 옷에 축축한 땀을 빨아들이는 기능이 있다는 내용이므로, 빨아서 거두어들임을 뜻하는 '흡수(吸收)'가 알맞다.

2 화재 시 젖은 수건을 이용하여 연기를 마시지 않도록 해야 한다는 내용이므로, 기체나 액체를 빨아들임을 뜻하는 '흡입(吸入)'이 알맞다.

4 호흡

일을 할 때 서로의 행동이나 의향을 잘 알고 처리하여 나가는 것을 '호흡을 맞추다'라고 표현한다. 따라서 빈칸에 공통으로 들어갈 어휘는 '호흡(呼吸)'이다.

글 쓰며 표현力 높여요

본문 41쪽

예시 먼저 친한 사람의 얼굴을 보면서 심호흡을 해 볼까? 그러면 마음이 한결 가벼워질 거야. 흡입력 있는 발표를 하기 위해서는 무엇보다 자신감 있는 표정과 목소리가 중요해. 아, 청중을 존중한다는 느낌의 호칭을 사용하는 것도 잊지마.

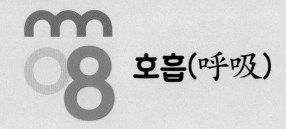

09 독소(毒素)

'독 독(毒)'과 '본디/바탕 소(素)'가 들어간 어휘

본문 43쪽

1 김만덕은 부자가 된 뒤에도 오히려 더 절약하고 [검소]한 생활을 했다.

2 청소년의 인터넷 게임 [중독] 예방을 위해 셧다운제를 시행하기로 했다.

3 미술에 [소질]이/가 있으니 열심히 노력하면 훌륭한 화가가 될 수 있을 거야.

4 상처가 깊어 피가 멎지 않으면 [소독]된 거즈를 덮고 압박 붕대로 상처를 누른다.

문제로 어휘力 높여요

본문 44쪽

1 어떤 것에 깊이 빠져 그것 없이는 견디지 못하는 상태.

2 ㉣

'소질'은 본디부터 가지고 있는 능력이나 기질을 의미한다. 그러나 ㉣은 타고난 것이 아니라 실력 향상을 위해 매일 하고 있는 일에 대해 이야기하고 있으므로, '소질'이 아니라 '노력(努力)' 등이 알맞다.

3 살균

'소독'은 해로운 균을 약품이나 햇빛 등으로 죽이는 것을 의미하는 말로, '살균'과 뜻이 비슷하다. '살균(殺菌)'은 약품이나 열 등으로 세균 등의 미생물을 죽이는 것을 의미한다. '감염'은 미생물이 동물이나 식물의 몸 안에 들어가 증식하는 일을, '예방'은 질병이나 재해 등이 일어나기 전에 미리 대처하여 막는 일을, '세균'은 다른 생물체에 기생하는 미세한 생물을 말한다.

4 1 검소　2 독소

1 사치를 부리지 않는 삶을 이야기하고 있으므로, 사치하지 않고 꾸밈없이 수수함을 의미하는 '검소'가 알맞다.

2 버섯에 사람의 몸을 해치는 성분이 들어 있다는 내용이므로, 지극히 해롭거나 나쁜 요소를 의미하는 '독소'가 알맞다.

글 쓰며 표현力 높여요

본문 45쪽

예시 산은 기온 차가 심하니 땀을 잘 흡수하는 소재의 옷을 준비하여 체온이 급격하게 떨어지는 것을 막아 주세요. 그리고 독소가 있는 식물을 함부로 채취하여 중독 사고가 일어나는 경우도 있습니다. 산에서 잘 모르는 식물을 함부로 따거나 섭취하지 말아 주세요.

10 충치(蟲齒)

'벌레 충(蟲)'과 '이 치(齒)'가 들어간 어휘

본문 47쪽

1 **곤충(昆蟲)**
- ☐ 몸에 깃털이 있고 다리가 둘이며, 하늘을 자유로이 날 수 있는 동물.
- ☑ 몸이 세 부분(머리, 가슴, 배)으로 되어 있고 다리가 세 쌍인 작은 동물.

2 **해충(害蟲)**
- ☐ 인간의 생활에 이로움을 주는 벌레.
- ☑ 사람, 가축, 농작물 등에 해를 끼치는 벌레.

3 **치아(齒牙)**
- ☐ 이의 뿌리가 박혀 있는 근육을 이르는 말.
- ☑ 음식물을 씹는 기관인 '이'를 점잖게 이르는 말.

4 **치통(齒痛)**
- ☑ 이가 쑤시거나 아픔.
- ☐ 썩거나 아픈 이를 뽑아 냄.

문제로 어휘力 높여요

본문 48쪽

1 ②

밑줄 친 '충' 자는 모두 '벌레'를 뜻하는 한자 '蟲'이 쓰였다.

2 해충

생활에 피해를 주는 곤충을 가리키는 말이 들어가야 하므로, '해충(害蟲)'이 알맞다.

3 치아

'이'는 무엇을 물거나 음식물을 씹는 역할을 하는 기관으로, 이와 바꾸어 쓸 수 있는 어휘는 '치아(齒牙)'이다. '치아'는 '이'를 점잖게 이르는 말이다.

4 1 충치　2 치통

'치통'은 이가 쑤시거나 아픈 것을 의미하고, '충치'는 균이 생겨서 벌레가 파먹은 것처럼 상한 이를 의미한다. 제시된 문장은 이가 썩어 아팠다는 내용이므로 1 에는 '충치'가, 2 에는 '치통'이 알맞다.

글 쓰며 표현力 높여요

본문 49쪽

예시 치아를 잘 관리하지 않으면 누나처럼 충치가 생길 수 있어. 충치 때문에 치과 갈 일이 없도록 평소에 양치를 잘 해 보자. 어린이 치약은 맵지 않고 달콤한 향이 나니까 이 닦기가 힘들지 않을 거야.

독해로 마무리해요

본문 50쪽

1 흡입

'영미'는 연탄가스를 흡입하고 병원으로 실려 갔다.

2 ②

엄마는 친구들과 화합하여 병원비를 마련했던 일을 떠올리며 뿌듯함을 느꼈을 것이다.

놀이로 정리해요

본문 51쪽

◎ 뜻풀이에 해당하는 어휘 칸을 색칠하여, 원주민 마을에 들어갈 수 있는 암호를 맞혀 보세요.

암호

ㅅ ㅏ ㄴ

단어 뜻풀이

① 어떠한 상황에 익숙해짐. 적응

② 기체나 액체를 빨아들임. 흡입

③ 지극히 해롭거나 나쁜 요소. 독소

④ 이름을 지어 부름. 또는 그 이름. 호칭

⑤ 해로운 균을 약품이나 햇빛 등으로 죽임. 소독

⑥ 균이 생겨서 벌레가 파먹은 것처럼 상한 이. 충치

⑦ 어떤 것을 이루어 보려고 계획하거나 행동함. 시도

⑧ 힘을 낼 수 있도록 곁에서 돕거나 격려하는 일. 응원

⑨ 음식물을 씹는 기관인 '이'를 점잖게 이르는 말. 치아

치아 (齒牙)	시험 (試驗)	소질 (素質)	호흡 (呼吸)	대응 (對應)
독소 (毒素)	흡수 (吸收)	지원 (支援)	합창 (合唱)	시합 (試合)
호칭 (呼稱)	치통 (齒痛)	화합 (和合)	검소 (儉素)	중독 (中毒)
적응 (適應)	호소 (呼訴)	곤충 (昆蟲)	후원 (後援)	해충 (害蟲)
시도 (試圖)	응원 (應援)	흡입 (吸入)	소독 (消毒)	충치 (蟲齒)

11 비상(非常)

◎ '아닐 비(非)'와 '항상 상(常)'이 들어간 어휘

본문 53쪽

1 **시비(是非)**
- ☐ 시작과 마무리. 또는 그 과정을 아우르는 말.
- ☑ 옳음과 그름. 또는 옳고 그름을 따지는 말다툼.

2 **비상구(非常口)**
- ☐ 큰 사고가 일어날 때 잠시 머물 수 있도록 한 집.
- ☑ 갑작스러운 사고가 일어날 때 급히 대피할 수 있도록 따로 마련한 문.

3 **항상(恒常)**
- ☑ 언제나 변함없이.
- ☐ 때에 따라 다르게.

4 **일상(日常)**
- ☑ 날마다 반복되는 생활.
- ☐ 평소와는 다른 특별한 생활.

문제로 어휘 力 높여요

본문 54쪽

1 시비

두 문장 모두 옳고 그름을 따진다는 내용이므로, '시비(是非)'가 알맞다.

2 ㉢

'비상(飛上)'은 높이 날아오름을 뜻하는 말로, '날 비(飛)'가 쓰인다. ㉠ '비상구(非常口)'는 갑작스러운 사고가 일어날 때 급히 대피할 수 있도록 따로 마련한 문을, ㉡ '비리(非理)'는 올바른 이치나 도리에서 어그러짐을 의미하는 말로, 모두 '아닐 비(非)'가 쓰인다.

3 늘, 언제나

'항상(恒常)'은 '언제나 변함없이.'를 뜻한다. 비슷한 뜻을 지닌 어휘로 '늘', '언제나' 등이 있다.

4 1 일상 2 비상

1 '날마다 반복되는 생활.'을 뜻하는 어휘는 '일상(日常)'이다.
2 '뜻밖의 긴급한 사태.'를 뜻하는 어휘는 '비상(非常)'이다.

글 쓰며 표현 力 높여요

본문 55쪽

예시 투명 보호막을 순식간에 만들 수 있는 마법이 있었으면 좋겠습니다. 무단 횡단이 상습적으로 일어나는 곳에서는 이 마법을 이용해 교통사고를 예방할 수 있습니다. 그리고 평상시에는 자동차 매연이나 담배 연기 등으로부터 지켜 주는 용도로 사용할 수 있을 것 같습니다.

12 폭설(暴雪)

◎ '사나울 폭/포(暴)'와 '눈 설(雪)'이 들어간 어휘

본문 57쪽

1 일부 양반과 지방 관리의 [횡포]은/는 여전히 심각했다.

2 식초를 넣어 끓인 물이 식으면, [설탕]을/를 넣어 간을 맞춥니다.

3 [폭염]은/는 하루 최고 기온이 33℃ 이상으로 올라가는 것을 말한다.

4 이곳은 [만년설](으)로 뒤덮인 알프스 봉우리를 일 년 내내 볼 수 있는 관광지이다.

문제로 어휘力 높여요

본문 58쪽

1 사나울 포

'暴' 자는 사용 어휘에 따라 '포' 또는 '폭'으로 읽는다. '포'로 읽는 어휘에는 '횡포(橫暴), 흉포(凶暴), 포악(暴惡)' 등이 있고, '폭'으로 읽는 어휘에는 '폭설(暴雪), 폭증(暴增), 폭염(暴炎)' 등이 있다.

2 언제나, 쌓여 있는

3 1 ㉡ 2 ㉠

1 '폭염(暴炎)'은 매우 심한 더위를 뜻하므로, 물놀이로 더위를 식혔다는 내용에 알맞다.

2 '폭설(暴雪)'은 갑자기 많이 내린 눈을 뜻하므로, 눈이 내려 도로가 막혔다는 내용에 알맞다.

4 ⑤

'설탕(雪糖)'은 맛이 달고 물에 잘 녹는 결정체를 가리키는 말로, '눈 설(雪)'이 쓰였다.
① 가설(假 거짓 가, 說 말씀 설): 어떤 사실을 설명하거나 결론을 이끌어 내기 위해 설정한 가정. ② 연설(演 펼 연, 說 말씀 설): 여러 사람 앞에서 자기의 주의나 주장 또는 의견을 진술함. ③ 설계(設 베풀 설, 計 셈할 계): 목적에 따라 실제적인 계획을 세워 도면 등으로 드러내는 일. ④ 설명(說 말씀 설, 明 밝을 명): 어떤 일이나 대상의 내용을 상대편이 잘 알 수 있도록 밝혀 말함. 또는 그런 말.

글 쓰며 표현力 높여요

본문 59쪽

예시 세계 곳곳을 탐험하는 사람들의 이야기를 들려주고 싶어요. 예를 들어 바다에서 폭풍을 만나 위험했던 이야기, 만년설이 덮인 너른 벌판을 보고 깨달음을 얻었던 이야기 등을 들려줄 수 있을 것 같아요. 이 책을 읽는 동안 친구들은 주인공과 함께 재미있게 세계 탐험을 하는 기분이 들 거예요.

13 배포(配布)

○ '짝/나눌 배(配)'와 '베/펼 포(布)'가 들어간 어휘

본문 61쪽

1 영화를 불법으로 [유포]하면 처벌을 받는다.
2 사각형 조각으로 규칙적인 [배열]을/를 만들어 봅시다.
3 따뜻하고 [배려] 있는 태도로 친구의 말에 반응해 주세요.
4 지연이는 과거 우리나라의 인구 [분포]을/를 나타낸 지도를 살펴보았다.

문제로 어휘 力 높여요

본문 62쪽

1 배려

누군가를 도와주거나 보살펴 주려는 마음을 '배려(配慮)'라고 한다.

2 배열

동생과 언니는 물감을 무지개 색이라는 일정한 차례로 놓으려고 한다. 따라서 빈칸에는 일정한 차례나 간격으로 벌여 놓음을 뜻하는 '배열(配列)'이 들어갈 수 있다. '배달(配達)'은 물건을 가져다가 몫몫으로 나누어 돌리는 것을 뜻하고, '지배(支配)'는 어떤 사람이나 집단, 조직, 사물 등을 자기의 뜻대로 복종하게 하여 다스리는 것을 뜻한다.

3 ②

'유포(流布)'는 '세상에 널리 퍼뜨림.'이라는 뜻을 지닌 어휘로, 소문이 인터넷을 통해 세상에 널리 알려졌다는 의미에서 '퍼지다'와 뜻이 비슷하다.

4 1 배포 2 분포

1 행사 안내문을 나누어 준다는 내용이므로, '신문이나 책자 등을 널리 나누어 줌.'을 뜻하는 '배포(配布)'가 알맞다.
2 특정 지역 안에서 사람들이 흩어져 있다는 내용이므로, '일정한 범위에 흩어져 있음.'을 뜻하는 '분포(分布)'가 알맞다.

글 쓰며 표현 力 높여요

본문 63쪽

예시 동생의 속상한 마음을 배려하여 대화를 시작할 거예요. 그러고 나서 할머니께 인형을 다시 만들어 달라고 부탁드리면, 할머니께서 금방 만들어서 택배로 보내 주실 거라고 말해 줄래요. 그러면 동생의 마음이 조금은 괜찮아지지 않을까요?

14 이송(移送)

◎ '옮길 이(移)'와 '보낼 송(送)'이 들어간 어휘

본문 65쪽

1 **이동(移動)**
- ☐ 한 곳에 있음. 또는 일정한 위치에 둠.
- ☑ 움직여 옮김. 또는 움직여 자리를 바꿈.

2 **이주(移住)**
- ☐ 본래 살던 지역에서 오랫동안 살아감.
- ☑ 본래 살던 지역을 떠나 다른 지역으로 옮겨 자리를 잡음.

3 **배송(配送)**
- ☑ 물건을 여러 곳에 나누어 보내 줌.
- ☐ 여러 곳에 있던 물건을 한 곳으로 모음.

4 **방송(放送)**
- ☐ 음성이나 영상을 저장하고 관리하는 일.
- ☑ 라디오나 텔레비전 등을 통해 음성이나 영상을 전파로 내보내는 일.

문제로 어휘力 높여요

본문 66쪽

1 배송

'배달(配達)'은 '물건을 가져다가 몫몫으로 나누어 돌림.'이라는 뜻을 지닌 말로, '배송(配送)'과 뜻이 비슷하다.

2 1 이동 2 방송

취재진은 사건이 일어난 현장으로 움직여서 이동(移動)하였고, 카메라를 켜고 영상을 전파로 내보내는 방송(放送)을 하기 위해 준비를 했다는 내용이다.

3 ㉠

'이주(移住)'는 '본래 살던 지역을 떠나 다른 지역으로 옮겨 자리를 잡음.'이라는 뜻을 지닌 어휘이다. ㉠은 3박 4일이라는 짧은 기간으로 보아 강원도로 이주하였다고 보기 어려우며, 여행을 했다고 예측할 수 있다.

4 送

두 한자를 합쳐 돈을 부쳐 보낸다는 뜻의 어휘인 '송금(送金)'이 되어야 하므로, '돈'을 의미하는 '金(금)' 자의 앞에 '보내다'를 의미하는 '送(송)' 자가 들어가야 한다.

글 쓰며 표현力 높여요

본문 67쪽

예시 그 나라에는 너처럼 이민 온 친구들이 많다고 들었어. 그 친구들이 너를 도와줄 테니까 너무 걱정하지 마! 아, 맞다! 우리 반 친구들이 너를 위해 깜짝 송별회를 준비했어. 모두 모여 이야기하면서 우울한 마음은 털어 버리자.

15 세밀(細密)

● '가늘 세(細)'와 '빽빽할 밀(密)'이 들어간 어휘

본문 69쪽

1 우리나라는 수도권에 인구가 [밀집]해 있습니다.

2 [세균]은/는 너무 작아서 맨눈으로 보기 어렵습니다.

3 [미세] 먼지 농도가 심할 때에는 외출을 자제해야 합니다.

4 자전거의 브레이크 패드가 바퀴를 [밀착]하여 잘 누를 수 있는지 점검합니다.

문제로 어휘力 높여요

본문 70쪽

1 1 미세 2 세균

분간하기 어려울 만큼 아주 작은 '미세(微細)'한 상처라도 다른 생물체에 기생하여 병을 일으키는 '세균(細菌)'에 감염될 수 있으니 소독을 해야 한다는 내용이다.

2 세밀

'세밀(細密)'은 '자세하고 꼼꼼함.'을 뜻하는 어휘로 '細(가늘 세)'가 쓰였다. '세탁기'는 '洗(씻을 세)', '濯(씻을 탁)', '機(틀 기)'로 이루어진 어휘이다.

3 밀착하여

껌이 바닥에 붙어 잘 떨어지지 않는다는 내용이므로, '밀착(密着)하여'와 바꾸어 쓸 수 있다.

4 ㉢

'밀집(密集)'은 '빈틈없이 빽빽하게 모임.'이라는 뜻을 지닌 어휘이다. ㉢은 나무로 만든 건물이 모여 있는 곳에서의 주의할 점을 말하고 있으므로 '밀집'이 들어갈 수 있다. ㉠에는 자세하고 꼼꼼함을 뜻하는 '치밀'이, ㉡에는 아주 가까이 맞닿아 있음을 뜻하는 '밀접'이 들어갈 수 있다.

글 쓰며 표현力 높여요

본문 71쪽

예시 '도시 생활' 하면 정신없이 바쁜 하루가 떠오르시나요? 여기 인구가 밀집된 큰 도시 속 사람들의 모습을 자세하게 들여다보겠습니다. 빽빽하게 들어찬 만원 버스지만, 그 안에서 노약자에게 자리를 양보하는 사람들도 보입니다. 또 제 길을 찾아 바쁘게 오가는 사람도, 거리의 풍경 속에서 섬세한 손길로 꽃을 피워 내는 사람도 보입니다.

11~15 독해 / 놀이

독해로 마무리해요

본문 72쪽

1 ③

이 글은 폭설로 인해 배송이 지연되는 상황을 제품 구매자에게 알리고 양해를 구하고 있다.

2 반디

식료품은 다른 물품보다 되도록 빠른 시일 내에 이송될 수 있게 최선을 다하겠다고 하였다.

놀이로 정리해요

본문 73쪽

◎ 뜻풀이에 해당하는 어휘를 골라 퍼즐을 맞춰 보세요.

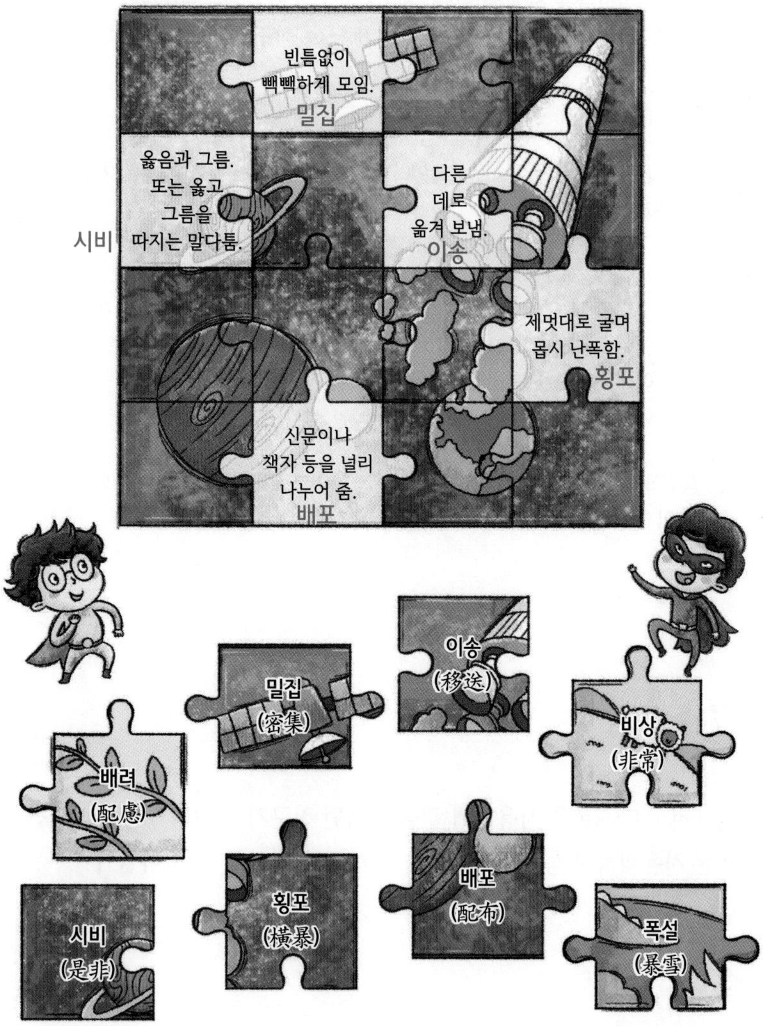

빈틈없이 빽빽하게 모임.
밀집
옳음과 그름. 또는 옳고 그름을 따지는 말다툼.
시비
다른 데로 옮겨 보냄.
이송
제멋대로 굴며 몹시 난폭함.
횡포
신문이나 책자 등을 널리 나누어 줌.
배포
이송 (移送)
밀집 (密集)
비상 (非常)
배려 (配慮)
시비 (是非)
횡포 (橫暴)
배포 (配布)
폭설 (暴雪)

16 취득(取得)

○ '가질 취(取)'와 '얻을 득(得)'이 들어간 어휘

본문 75쪽

1	채취(採取)	☐ 기사를 쓰기 위해 필요한 자료를 수집하거나 조사함. ☑ 풀, 나무, 광석 등을 찾아 베거나 캐거나 하여 얻어 냄.
2	섭취(攝取)	☑ 영양소나 양분 등을 몸속에 받아들임. ☐ 먹은 음식의 영양분을 흡수하기 쉽게 변화시킴.
3	설득(說得)	☐ 상대방을 사납게 비방하거나 해치게 말함. ☑ 상대편이 이쪽 편의 의견을 따르도록 깨우쳐 말함.
4	이득(利得)	☐ 해로움을 끼치는 나쁜 것을 얻음. ☑ 정신적, 물질적으로 이롭고 보탬이 되는 것을 얻음.

문제로 어휘 力 높여요

본문 76쪽

1 ㉡

'채취(採取)'는 '풀, 나무, 광석 등을 찾아 베거나 캐거나 하여 얻어 냄.'이라는 뜻이므로 ㉡의 문장에 어울리지 않는다. ㉡의 밑줄 친 부분에는 '기사를 쓰기 위해 필요한 자료를 수집하거나 조사함.'을 뜻하는 '취재(取 가질 취, 材 재목 재)'가 들어가야 한다.

2 섭취

'섭취(攝取)'는 영양소나 양분 등을 몸속에 받아들인다는 뜻으로, '흡수(吸 마실 흡, 收 거둘 수)'의 뜻과 비슷하고 '배출(排 물리칠 배, 出 날 출)'의 뜻과 반대된다.

3 이득(利得)

내가 알고 싶었던 지식을 얻은 것과, 덤으로 사과를 얻은 것은 모두 '정신적, 물질적으로 이롭고 보탬이 되는 것을 얻은' 행동이므로 이는 모두 '이득(利得)'과 관련이 있다. '득점(得點)'은 시험이나 경기 등에서 점수를 얻는 것을, '납득(納得)'은 다른 사람의 행동이나 형편 등을 이해하는 것을 의미한다.

4 설득

자전거를 사려는 종우의 의견을 부모님이 따르게 하려는 상황이므로, '상대편이 이쪽 편의 의견을 따르도록 깨우쳐 말함.'이라는 뜻의 '설득(說得)'이 들어갈 수 있다.

글 쓰며 표현 力 높여요

본문 77쪽

예시 최근 학교 앞에서 스마트폰을 사용하며 길을 건너던 친구가 사고가 났어. 이 사건을 취재해서 알리고, 보행 중 스마트폰 사용의 위험성을 친구들이 납득하도록 기사를 쓰면 어떨까?

17 미만(未滿)

● '未(아닐 미)'와 '滿(찰 만)'이 들어간 어휘 본문 79쪽

1 학생의 그림 실력은 [미숙]하지만 창의성이 돋보였습니다.

2 [비만]을/를 예방하려면 계획을 세워 규칙적으로 운동해야 합니다.

3 정해진 용돈으로 최대의 [만족]을/를 얻을 수 있도록 소비해 봅시다.

4 먼 [미지]의 땅을 향해 항해하려면 모험심과 용기, 재정 지원이 필요했습니다.

문제로 어휘力 높여요

본문 80쪽

1 미숙(未熟)하다

'능숙(能熟)하다'는 '능하고 익숙하다.'란 뜻이므로, 오랜 경험, 습관을 쌓아 익숙하다는 의미인 '성숙(成熟)하다', '노숙(老熟)하다'와 뜻이 비슷하다. 이와 뜻이 반대되는 어휘는 '일에 아직 익숙하지 못하여 서투르다.'를 의미하는 '미숙(未熟)하다'이다.

2 1 지 2 래 3 만

1 탐험가가 되어 '아직 알지 못하는' 땅인 '미지(未知)'의 땅에 가 보고 싶다는 내용의 문장이다.

2 '앞으로 올 때'인 '미래(未來)'를 위해 환경 문제에 관심을 가져야 한다는 내용의 문장이다.

3 학생 수가 10명에 '차지 못할 경우' 즉, 10명 '미만(未滿)'일 경우에는 농구를 하는 것이 낫다는 내용의 문장이다.

3 ④

두 문장의 빈칸에는 요리사의 기분을 좋아지게 한 손님들의 표정과, 꿈꿔 온 직업을 갖게 된 기분을 표현하는 어휘가 들어가야 한다. 따라서 '마음에 흡족함.'을 뜻하는 '만족(滿足)'이 알맞다.

4 비만

음식을 골고루 먹고, 규칙적인 운동을 하고, 탄산음료나 기름진 음식을 피하는 것은 '비만(肥滿)'을 예방하기 위한 생활 습관이다.

글 쓰며 표현力 높여요

본문 81쪽

예시 정해진 재료만 넣으면 어떤 음식이든 뚝딱 완성되는 기계가 개발되면 좋겠어요. 그러면 요리 실력이 미숙한 사람이나 미성년자들도 손쉽게 요리를 하고, 만족스러운 음식을 먹을 수 있을 거예요.

18 빈부(貧富)

‘가난할 빈(貧)’과 ‘부유할 부(富)’가 들어간 어휘

본문 83쪽

1	빈곤(貧困)	☐ 가난한 사람을 도와줌. ☑ 가난하여 살기가 어려움.
2	빈혈(貧血)	☑ 혈액 속에 적혈구나 헤모글로빈이 부족한 상태. ☐ 건강한 사람의 혈액을 환자의 혈관 내에 주입하는 것.
3	풍부(豐富)	☑ 넉넉하고 많음. ☐ 일정한 정도나 양에 이르지 못함.
4	부귀(富貴)	☑ 재산이 많고 지위가 높음. ☐ 세상에 널리 인정받아 좋은 평판을 얻음.

문제로 어휘力 높여요

본문 84쪽

1 빈곤 문제를 해결하기 위해 모금 활동을 하고 있다.

'빈곤(貧困)'은 '가난하여 살기가 어려움.'이라는 뜻이므로, 이러한 문제를 해결하기 위해 모금 활동을 한다는 내용은 알맞다. 첫 번째 문장은 격차를 해소해야 한다고 하였으므로 '빈곤'이 아니라 가난함과 부유함을 아울러 이르는 말인 '빈부(貧富)' 등의 어휘가 들어갈 수 있다. 두 번째 문장은 검사를 해야 한다고 하였으므로 '빈곤'이 아니라 건강과 관련된 말인 '빈혈(貧血)' 등의 어휘가 들어갈 수 있다.

2 1 혈 2 부

3 풍부

여행을 다니며 다양한 경험을 많이 했다는 내용이므로, 빈칸에는 '풍부(豐富)'가 들어갈 수 있다.

4 부족(不足)

'부족(不足)'은 '不(아닐 불)', '足(발/만족할 족)'을 써서 '일정한 정도나 양에 이르지 못함.'을 뜻하는 어휘이다. '아닐 불(不)' 자는 우리말의 'ㄷ'이나 'ㅈ'의 앞에 놓이면 편의상 '부'로 읽기도 한다. '부자(富者)'는 재물이 많아 살림이 넉넉한 사람을, '부유(富裕)'는 재물이 넉넉함을 의미한다.

글 쓰며 표현力 높여요

본문 85쪽

예시 홍길동이 아무리 빈곤한 사람들을 도우려고 한 행동이라고 해도, 남의 것을 몰래 가져가는 것은 옳지 않습니다. 어떤 사회든 빈부 격차는 있기 마련인데, 부귀한 사람이라고 모두 나쁜 것은 아니니까요.

19 수익(收益)

○ '거둘 수(收)'와 '더할 익(益)'이 들어간 어휘

본문 87쪽

1 바다 쓰레기를 [수거]하는 로봇을 설계해 보세요.

2 제철 식품은 [수확]한 지 얼마 되지 않아 신선하기 때문에 더욱 맛있는 거란다.

3 공공 기관은 개인의 [이익]이/가 아닌 주민 전체의 이익을 위하여 세운 기관이야.

4 여러 가지 사전을 사용해 보면서 편리하거나 [유익]했던 방법이 있으면 발표해 보자.

문제로 어휘 力 높여요

본문 88쪽

1 1 수거 2 수익

1 재활용품을 거두어 가는 상황이므로, '다 쓴 물건 등을 거두어 감.'이라는 뜻의 '수거(收去)'가 들어가야 한다.

2 100만 원의 이익을 거두어들인 상황이므로, '이익을 거두어들임.'이라는 뜻의 '수익(收益)'이 들어가야 한다.

2 ㉢

'수확(收穫)'은 '익은 농작물을 거두어들임. 또는 거두어들인 농작물.'이라는 뜻이다. ㉢은 탐관오리가 백성의 농작물을 빼앗는 상황이므로, 밑줄 친 곳에는 '수확'이 아니라 강제로 빼앗는다는 뜻인 '수탈(收奪)' 등이 들어가는 것이 적절하다.

3 익숙하다

'익숙하다'는 어떤 일을 여러 번 하여 서투르지 않은 상태에 있다는 뜻이다. 나머지 세 어휘는 모두 이롭거나 도움이 될 만한 것을 얻는다는 의미이다.

4 해롭고, 이로운

'백해무익(百害無益)'은 백 가지가 해롭고, 하나도 이로운 것이 없음을 뜻하는 한자 성어이다. 제시된 문장에서는 이 한자 성어를 써서 흡연이 해롭다는 사실을 말하고 있다.

글 쓰며 표현 力 높여요

본문 89쪽

예시 음료수병을 수거하시는 분께 들었는데, 분리배출을 할 때에는 겉에 붙어 있는 비닐을 떼어야 한대. 재활용과 관련한 유익한 정보가 있으면 나누고, 우리 모두의 이익을 위해 함께 노력하자.

20 증감(增減)

‘增(더할 증)’과 ‘減(덜 감)’이 들어간 어휘

본문 91쪽

1 불안감을 [감소]하는 데에는 달리기가 효과적입니다.

2 건강 체력을 [증진]하려면 내 수준에 맞는 체력 운동을 해야 해요.

3 합리적 소비를 위해 에너지가 [절감]되는 텔레비전을 사는 게 좋겠어요.

4 우리의 대중가요와 드라마 등 한류를 즐기는 외국인이 [급증]하고 있어요.

문제로 어휘力 높여요

본문 92쪽

1 1 증감 2 감소

1 병에 걸린 사람 수가 많아지거나 적어지는 상황이 반복되고 있다는 내용이므로, ‘증감(增減)’이 알맞다.

2 환자 수가 줄어들었으면 하는 바람을 표현한 내용이므로, ‘감소(減少)’가 알맞다.

2 ④

첫 번째 문장은 손님의 수가 급격하게 늘어났다는 의미이고, 두 번째 문장은 더위로 전력 사용량이 급격하게 늘어나 정전이 되었다는 의미이다. 그러므로 빈칸에는 갑작스럽게 늘어났다는 뜻의 ‘급증(急增)’이 들어가야 한다. ① ‘증명(證明)’은 증거를 들어서 밝히는 것을, ② ‘증설(增設)’은 더 늘려서 설치하는 것을, ③ ‘증편(增便)’은 정기적인 교통 편의 횟수를 늘리는 것을, ⑤ ‘인증(引證)’은 인용하여 증거로 삼는 것을 의미한다.

3 1 증가 2 증진

제시된 글은 청소년의 영상 시청 시간이 늘어나서(증가하여) 운동량이 부족하니, 체력이 점점 늘도록(증진하도록) 노력해야 한다고 권유하고 있다.

4 그림을 감상하다.

‘감량’, ‘절감’, ‘감퇴’는 모두 ‘덜다’, ‘줄다’라는 뜻이 포함되어 있는 어휘로, 모두 ‘덜 감(減)’이 쓰였다. 그러나 ‘감상(鑑賞)’은 주로 예술 작품을 이해하여 즐기고 평가한다는 뜻으로, ‘거울 감(鑑)’이 쓰였다. ‘감량(減 덜 감, 量 헤아릴 량)’은 수량이나 무게를 줄임을, ‘절감(節 마디 절, 減 덜 감)’은 돈이나 물건을 아끼어 줄임을, ‘감퇴(減 덜 감, 退 물러날 퇴)’는 기운이나 세력 등이 줄어 쇠퇴함을 뜻한다.

글 쓰며 표현力 높여요

본문 93쪽

예시 건강을 관리하려고 산에 오르는 사람이 급증하고 있다는 기사를 보고, 저도 등산을 시작했어요. 주말마다 산에 가니 자연스레 스마트폰 사용 시간이 감소했고요. 앞으로도 꾸준히 운동해서 체력을 증진해야겠어요!

독해로 마무리해요

본문 94쪽

1 유익

이 글은 아침 식사를 했을 때 건강에 이롭거나 도움이 될 만한 것인 '유익(有益)'한 점을 전달하고 있다.

2 ③

이 글에서 아침 식사를 거르게 되면, 쉽게 만족을 느끼지 못해 과식으로 이어지기 쉽다고 하였다. 그러므로 ③의 내용은 아침 식사를 걸렀을 때 좋지 않은 점에 해당한다.

놀이로 정리해요

본문 95쪽

어휘의 뜻풀이가 맞으면 ○로, 틀리면 ×로 건너가서 개구리 친구에게 줄 선물을 골라 보세요.

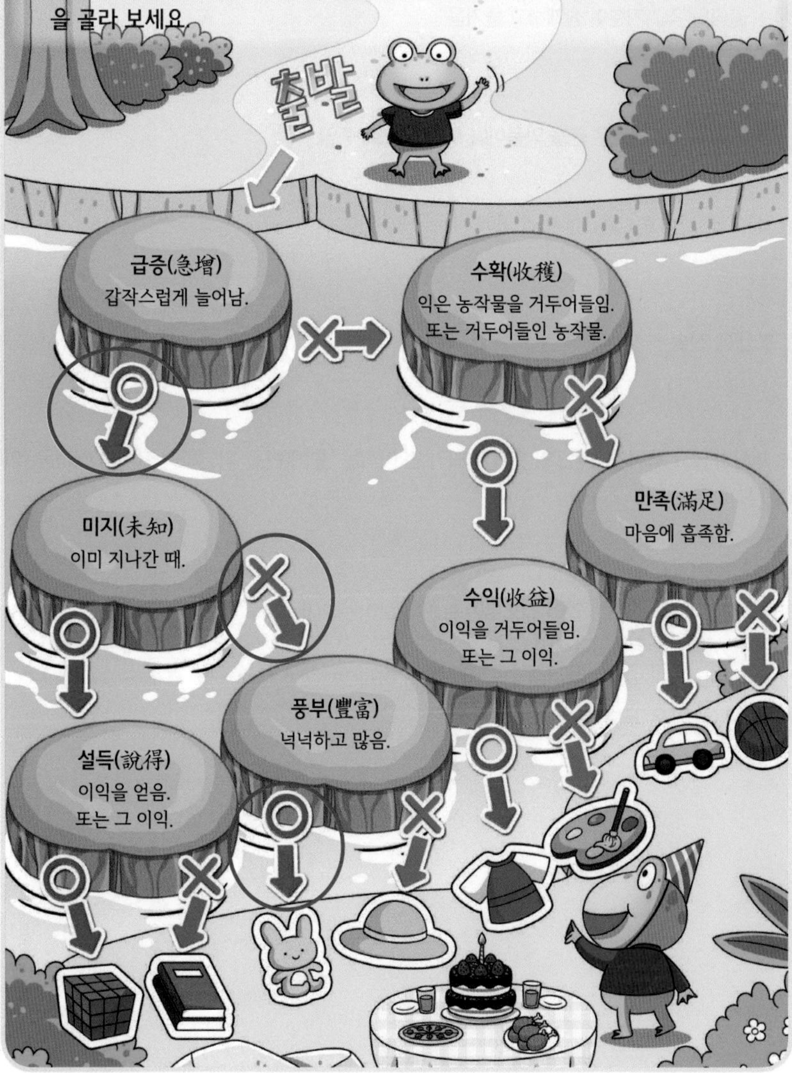

출발
급증(急增)
갑작스럽게 늘어남.
수확(收穫)
익은 농작물을 거두어들임. 또는 거두어들인 농작물.
만족(滿足)
마음에 흡족함.
미지(未知)
이미 지나간 때.
수익(收益)
이익을 거두어들임. 또는 그 이익.
풍부(豐富)
넉넉하고 많음.
설득(說得)
이익을 얻음. 또는 그 이익.

1

1 ④

① 試 ② 探 ③ 適

2 ②

① 應 ③ 非 ④ 移

2

1 ③

① 풀 해 ② 이 치 ④ 빽빽할 밀

2 ①

② 더할 익 ③ 덜 감 ④ 아닐 미

3

1 ②

呼(부를/불 호) + 吸(마실 흡): 숨을 쉼. 또는 그 숨.

2 ③

取(가질 취) + 得(얻을 득): 자격증이나 권리 등을 자기 것으로 만들어 가짐.

4

1 ④

暴(사나울 폭) + 雪(눈 설): 갑자기 많이 내리는 눈.

2 ②

快(쾌할 쾌) + 適(맞을 적): 기분이 상쾌하고 즐거움.

5

1 ①

消(사라질 소) + 毒(독 독): 해로운 균을 약품이나 햇빛 등으로 죽임.

2 ④

配(짝/나눌 배) + 送(보낼 송): 물건을 여러 곳에 나누어 보내 줌.

6

③

① 순진 ② 조심 ④ 진솔

7

④

'富貴(부귀: 재산이 많고 지위가 높음.)'의 뜻과 거리가 먼 어휘는 '貧困(빈곤: 가난하여 살기가 어려움.)'이다.
① 부유 ② 부자 ③ 풍부

8

①

- 虛(빌 허) + 勢(형세 세): 실속이 없이 겉으로만 드러나 보이는 기세.
- 勢(형세 세) + 力(힘 력): 권력이나 기세의 힘.
- 大(큰 대) + 勢(형세 세): 일이 진행되어 가는 결정적인 형세.

② 순수할 순 ③ 합할 합 ④ 도울 원